Mosaik bei
GOLDMANN

Buch

In zahlreichen Unternehmen sind Einstellungstests mittlerweile zur Regel geworden, um aus der Vielzahl der Bewerber den geeignetsten herauszufinden. Vor allem, wenn der Arbeitgeber begehrte Ausbildungsplätze und Stellen anzubieten hat. Bei den meisten Stellensuchenden lösen diese Tests ein beträchtliches Gefühl der Unsicherheit aus, weil sie nicht wissen, was auf sie zukommt und welche Merkmale überhaupt untersucht werden sollen. Intelligenz- und Leistungstests, Konzentrations- und Persönlichkeitsprüfungen, Fragen zum Allgemeinwissen, Tests zum technischen Verständnis und zu bürokaufmännischen Fähigkeiten ... Dieser Testtrainer hilft bei der gezielten Vorbereitung auf die verschiedenen Auswahlverfahren bei Einstellungstests. Der Leser erfährt alles Wesentliche über Einsatz und Arten von Einstellungsverfahren und der große Trainingsteil macht fit für die unterschiedlichen Aufgaben.

Autor

Dr. Wolfang Reichel ist Diplom-Psychologe und in der Eignungsdiagnostik, Beratung und Weiterbildung tätig

Dr. Wolfgang Reichel

Testtrainer Einstellungstests

Systematisch vorbereiten
Erfolgreich bestehen

Mosaik bei
GOLDMANN

Die Ratschläge in diesem Buch sind vom Autor und vom Verlag sorgfältig erwogen und geprüft, dennoch kann eine Garantie nicht übernommen werden. Eine Haftung des Autors bzw. des Verlags und seiner Beauftragten für Personen-, Sach- und Vermögensschäden ist ausgeschlossen.

Dieser Titel ist bereits im Falken Verlag unter der Nr. 1761 erschienen.

Umwelthinweis:
Alle bedruckten Materialien dieses Taschenbuches
sind chlorfrei und umweltschonend.

1. Auflage
Taschenbuchausgabe November 2004
Wilhelm Goldmann Verlag, München
ein Unternehmen der Verlagsgruppe Random House GmbH

Umschlaggestaltung: Design Team München
Umschlagmotiv: Zefa/P. Tremblay
Satz: Uhl + Massopust, Aalen
Druck: GGP Media GmbH, Pößneck
Verlagsnummer: 16673
WR · Herstellung: Max Widmaier
Printed in Germany
ISBN 3-442-16673-X
www.goldmann-verlag.de

Inhalt

Lösungsteil

Einstellungstests – auf der Suche nach dem besten Bewerber

Was den Bewerber erwartet

Die Arbeitsmarktsituation bringt es mit sich, dass in den Unternehmen mehr Bewerbungen denn je eingehen, umso mehr, wenn diese attraktive Stellen und Ausbildungsplätze anzubieten haben. So ist es fast zur Regel geworden, im Auswahlverfahren gezielte Einstellungstests einzusetzen, um aus der Vielzahl der Bewerber die geeignetsten herauszufinden.

Besonders größere Unternehmen – ob es sich nun um Industrieunternehmen oder Banken und Versicherungen handelt – und ebenso die meisten Behörden bedienen sich schon seit einigen Jahren der Tests, wenn sie Ausbildungsplätze zu besetzen haben. Dabei handelt es sich einerseits um Kenntnisprüfungen, mit denen der Stand des Schulwissens ermittelt werden soll; solche Tests sind Bewerbern aus der Schule ja ausreichend bekannt. Auch der Grad der Allgemeinbildung wird auf diese Weise erkundet.

Andererseits werden speziell von Psychologen entwickelte Testverfahren eingesetzt.

Bei den meisten Bewerbern lösen diese Tests ein beträchtliches Gefühl der Unsicherheit aus, weil sie nicht wissen, was bei dem Test auf sie zukommt und welche Merkmale damit untersucht werden sollen.

Was ist ein psychologischer Test?

Unter einem psychologischen Test versteht man ein systematisches Verfahren, mit dem man bis zu einem gewissen Grad die Ausprägung bestimmter Persönlichkeits- und Verhaltensmerkmale messen kann. Ein Test besteht aus unterschiedlichen Aufgaben bzw. Fragen, die ganz gezielt auf vordefinierte Persönlichkeitsbereiche abgestimmt sind. Aus der Art und Weise, wie diese Aufgaben beantwortet werden, kann man Aussagen über Eigenschaften, Fähigkeiten und Leistungen der Testteilnehmer machen und vorhersagen, wie sie sich voraussichtlich bei vergleichbaren Anforderungen im Arbeitsalltag verhalten werden.

Auf jeden Fall führen Testergebnisse immer nur zu Aussagen über Teilbereiche der Person in Bezug auf bestimmte Fragestellungen. Eignungstests werden zur Auswahl geeigneter Bewerber und Bewerberinnen und zur Prognose des Berufserfolgs eingesetzt. Sie sind nicht allein ausschlaggebend für eine Einstellung, sondern sollen vielmehr im Zusammenhang mit den Bewerbungsunterlagen und dem Vorstellungsgespräch die Personalauswahl untermauern.

Warum werden Tests eingesetzt?

Mithilfe der Tests will man feststellen, welche Bewerber die Anforderungen eines bestimmten Arbeitsplatzes erfüllen können und in die engere Wahl kommen, während die ungeeigneten Bewerber aussortiert werden sollen.

Einstellungstests erleichtern also den Firmen den Auswahlprozess. Darüber hinaus ist festzustellen, dass die Aussagekraft von Zeugnissen in den letzten Jahren stark zurückgegangen ist. Ein bestimmter Abschluss sagt oft nicht viel über die tatsächlichen Fähigkeiten und Kenntnisse des Bewerbers aus. Viele Firmen stehen deshalb Zeugnisnoten und Schulabschlüssen sehr skeptisch gegenüber und beklagen sich zum Beispiel über erhebliche Defizite der Schüler in Deutsch und Mathematik. Außerdem lassen sich Zeugnisse aufgrund der unterschiedlichen Leistungsmaßstäbe von Schule zu Schule und der Unterschiede zwischen den Bundesländern kaum noch miteinander vergleichen. Ziemlich wenig Transparenz herrscht auch im Bereich der Fortbildungen und Umschulungen. Hier sind viele Zeugnisse und Zertifikate stark geschönt und sagen wenig darüber aus, welche Fähigkeiten ein Bewerber mitbringt.

Tests ermöglichen insofern eine objektive Auswahl, als sie allen Bewerbern die gleichen Chancen geben und für mehr Gerechtigkeit sorgen.

Weiterhin kann man durch Tests auch Aufschluss über solche Leistungs- und Persönlichkeitsmerkmale gewinnen, die aus den Bewerbungsunterlagen nicht hervorgehen.

Angesichts hoher Personal- und Ausbildungskosten haben Firmen ein starkes Interesse daran, durch Tests die Gefahr personeller Fehlentscheidungen zu vermindern und die Personalauswahl abzusichern. Es sollen die richtigen Leute am richtigen Platz beschäftigt werden, um damit die Voraussetzungen für eine hohe Arbeitszufriedenheit zu schaffen. Unnötige Ausbildungskosten, die dadurch entstehen, dass Bewerber unzufrieden sind und die Ausbildung abbrechen, sollen möglichst vermieden werden. Tests können aber auch für den Bewerber von Nutzen sein. Sie können ihm helfen, die eigenen Stärken und Schwächen besser zu erkennen, um so den Arbeitsplatz zu finden, der seinen Fähigkeiten und Kenntnissen am besten entspricht.

Tests sind zudem eine sehr ökonomische Methode der Informationsgewinnung, denn sie helfen, Zeit und Kosten zu sparen, die aufzuwenden wären, wenn man alle Bewerber zu einem persönlichen Gespräch einladen würde. Zwar ermöglichen Tests keine absolut treffsichere Auswahl, aber sie verbessern die Informationsgrundlagen bei der Personalauswahl beträchtlich und tragen damit zur Vermeidung der erheblichen Folgeprobleme von Fehlbesetzungen bei.

An Einstellungstests und psychologischen Eignungsuntersuchungen wird immer wieder Kritik geübt und ihre Aussagefähigkeit wird angezweifelt. Kritische Einstellungen gegenüber Tests sind sicherlich dann berechtigt, wenn Tests den wissenschaftlichen Anforderungen nicht genügen oder wenn psychologische Testverfahren von Nichtpsychologen durchgeführt werden. Leider kommt es in der betrieblichen Praxis oft vor, dass fragwürdige Tests eingesetzt werden oder Einstellungsuntersuchungen nicht fachgerecht durchgeführt werden. Diese unqualifizierte und laienhafte Anwendung hat wesentlich dazu beigetragen, Eignungstests in der Öffentlichkeit in Misskredit zu bringen.

Gegenüber sorgfältig konstruierten Tests, die die wissenschaftlichen Anforderungen erfüllen, lassen sich diese Vorbehalte allerdings nicht aufrechterhalten. Wenn Tests richtig eingesetzt werden, liefern sie wichtige Informationen über die Eignung des Bewerbers und seinen wahrscheinlichen Berufserfolg und sind anderen Auswahlmethoden in vieler Hinsicht überlegen.

Mit welchen Tests müssen Sie rechnen?

Einstellungstests setzen sich in der Regel aus verschiedenen Bausteinen zusammen, mit denen die unterschiedlichen Fähigkeiten, Kenntnisse und Merkmale geprüft werden. Dabei werden sowohl Kenntnistests als auch psychologische Testverfahren eingesetzt.

Kenntnistests

Kenntnisprüfungen werden in erster Linie bei Ausbildungsplatzbewerbern durchgeführt. Hier wird untersucht, inwieweit ein Bewerber das Wissen aus den verschiedenen Schulfächern beherrscht. Den Kern der meisten Tests bilden die Bereiche Deutsch und Mathematik, aber auch das Allgemeinwissen wird überprüft. Zur Überprüfung der Rechtschreibkenntnisse und der sprachlichen Ausdrucksfähigkeit werden oft ein Diktat geschrieben und ein Aufsatzthema vorgegeben. Den Schwerpunkt der Mathematiktests bilden Aufgaben zu den Grundrechenarten, Prozent- und Zinsrechnung und Dreisatz. Die Fragen zum Allgemeinwissen kommen aus den Bereichen Wirtschaft, Politik, Geschichte, Erdkunde, Kultur und, je nach Ausbildungsberuf, aus den Naturwissenschaften.

Intelligenztests

Mit Intelligenztests will man die intellektuelle Leistungsfähigkeit von Bewerbern insgesamt und in einzelnen Bereichen ermitteln. Nun lässt sich aber Intelligenz nicht eindeutig definieren. Allerdings besteht Einigkeit darüber, dass sie sich aus mehreren relativ unabhängigen geistigen Fähigkeiten zusammensetzt. Deshalb besteht ein Intelligenztest in der Regel aus verschiedenen Untertests, die die einzelnen Merkmalsbereiche der Intelligenz erfassen sollen. Beispielsweise werden hier folgende Merkmale untersucht: Auffassungsgabe, Kombinationsfähigkeit, Abstraktionsvermögen, logisches Denken, Sprachgefühl, Merkfähigkeit, Rechengewandtheit, räumliches Vorstellungsvermögen.

Bei den Testaufgaben sind meistens verschiedene Antwortmöglichkeiten vorgegeben, aus denen Sie die richtige auswählen müssen. Für jede Aufgabengruppe haben Sie dabei nur eine begrenzte Zeit zur Verfügung. Das Gesamtergebnis des Tests wird gewöhnlich als Intelligenzquotient (IQ) angegeben. Dabei beträgt der durchschnittliche IQ 100 mit einer Schwankungsbreite zwischen 90 und 110. Der IQ allein sagt allerdings wenig aus, denn zwei Menschen mit dem gleichen IQ können sich in der Zusammensetzung ihrer geistigen Fähigkeiten stark unterscheiden. Erst wenn die einzelnen Testleistungen als Profil dargestellt werden, welches Aufschluss über die Intelligenzstruktur gibt, sind Vergleiche mit den Anforderungen eines Berufes möglich.

Leistungstests

Bei Leistungstests unterscheidet man Konzentrationstests und Tests zur Messung spezieller Eignungsmerkmale. Die erste Gruppe umfasst Tests, mit denen man allgemeine Leistungsmerkmale wie Konzentrationsfähigkeit, Aufmerksamkeit und Ausdauer erfassen will. Hier müssen Sie Routineaufgaben lösen und in einer begrenzten Zeit möglichst schnell und sorgfältig arbeiten.

Die zweite Gruppe umfasst Tests, die spezielle Fähigkeiten und Fertigkeiten messen wie beispielsweise Geschicklichkeit,

Reaktionsgeschwindigkeit, technisches Verständnis oder kaufmännische Fertigkeiten. Unternehmen wollen damit Fähigkeiten und Kenntnisse überprüfen, die für den angestrebten Beruf und die später auszuübenden Tätigkeiten als wichtig angesehen werden.

Persönlichkeitstests

Mit einem Persönlichkeitstest will man das Persönlichkeitsprofil eines Bewerbers ermitteln. Dazu versucht man, Aufschluss über seine Eigenschaften und Charaktermerkmale, Einstellungen und Interessen zu gewinnen. Beispielsweise sucht ein Unternehmen Informationen über folgende Merkmale des Bewerbers: Selbstsicherheit, Kontaktfähigkeit, Teamorientierung, Leistungsbereitschaft, Durchsetzungsvermögen, Dominanzstreben, Anpassungsfähigkeit, Belastbarkeit, emotionale Stabilität. Es geht letztlich darum festzustellen, ob der Bewerber in die Firma passt und ob man mit ihm gut zusammenarbeiten kann.

Gegen den Einsatz von Persönlichkeitstests bestehen in rechtlicher Hinsicht einige Bedenken, da viele Tests Fragen enthalten, die auf unzulässige Weise in die Privatsphäre der Teilnehmer eindringen.

Assessment-Center

Schließlich sei hier noch das Assessment-Center (Englisch: to assess = einschätzen, bewerten) erwähnt, das weniger ein Test- als vielmehr ein Auswahlverfahren ist, das in erster Linie zur Anwendung kommt, wenn Bewerber für anspruchsvolle Positionen auszuwählen sind. Es kann zwei Tage und länger dauern und wird meist mit 8 bis 12 Teilnehmern durchgeführt.

Die Beurteilungsmethoden sind vielfältig: Die Bewerber haben sich Gruppendiskussionen und Rollenspielen zu unterziehen sowie Fallstudien, Präsentationen, Testverfahren und Einzelinterviews zu absolvieren. Von besonderer Bedeutung sind allerdings Übungen, in denen möglichst praxisnah Situationen nachgestellt werden, wie sie im Berufsalltag auftreten können. Näheres lesen Sie bitte auf Seite 169 ff.

Welche Anforderungen haben Tests zu erfüllen?

Aussagefähige Eignungstests werden von Diplompsychologen nach wissenschaftlichen Methoden entwickelt und müssen bestimmte Gütekriterien erfüllen. Dadurch unterscheiden sie sich von den vielen »selbst gestrickten« Tests, die häufig von Laien zusammengestellt werden und aus einer willkürlichen Ansammlung von Aufgaben bestehen.

Die Gütekriterien eines Tests werden gemessen an folgenden Anforderungen:

❶ *Der Test muss objektiv sein.*
Das bedeutet, dass die Testergebnisse völlig unabhängig vom Untersucher sind. Egal, wer eine Person testet, Durchführung, Auswertung und Interpretation des Tests müssen immer gleich sein.

❷ *Der Test muss zuverlässig sein.*
Unter Zuverlässigkeit versteht man den Grad der Genauigkeit, mit der ein Test ein bestimmtes Merkmal misst. Messungen sind dann zuverlässig, wenn die Werte unabhängig vom Zeit-

punkt der Messung sind, d.h., bei wiederholten Testmessungen muss immer ein ähnliches Ergebnis auftreten.

❸ *Der Test muss gültig sein.*
Der Test muss das messen, was er zu messen vorgibt. Damit wird die inhaltliche Genauigkeit angesprochen, mit der der Test ein Merkmal misst.

Für einen wissenschaftlichen Test gibt es zudem verbindliche Maßstäbe, so genannte Normen, die zur Beurteilung der individuellen Testergebnisse dienen und Vergleiche möglich machen. Die Normen werden gewonnen, indem ein Test vor seinem Einsatz an einer repräsentativen Stichprobe der Bevölkerung geeicht wird.

Welche Rechte haben Sie als Teilnehmer?

Für die Durchführung von Eignungsuntersuchungen gibt es bestimmte rechtliche Richtlinien und Grundsätze. Sie sollten Ihre Rechte als Testteilnehmer kennen, damit Sie sich besser vor unseriös durchgeführten Testuntersuchungen schützen können.

Leitung des Tests

Zu Beginn des Tests sollte der Testleiter die Teilnehmer in groben Zügen über die Zielsetzung und den Ablauf der Eignungsuntersuchung, die zu überprüfenden Eignungsmerkmale und die Art der eingesetzten Testverfahren sowie über die Bekanntgabe der Ergebnisse informieren.

Psychologische Eignungstests dürfen nur von Diplompsychologen durchgeführt werden. Das bedeutet, dass der Testleiter ein staatlich anerkanntes Hochschulstudium der Psychologie ordnungsgemäß abgeschlossen haben muss. Nur ein Diplompsychologe hat eine ausreichende Ausbildung in Testtheorie, kennt die verschiedenen Testverfahren genau und kann sie hinsichtlich ihrer Aussagefähigkeit beurteilen. Dieses Hintergrundwissen ist Voraussetzung, damit man die Testergebnisse richtig interpretieren kann. Nichtpsychologen dürfen nur als Hilfskräfte unter Anleitung und Kontrolle eines Psychologen psychologische Tests durchführen.

Erkundigen Sie sich vor Testbeginn nach diesen Voraussetzungen. Sind sie nicht erfüllt, haben Sie das Recht, die Teilnahme am Test abzulehnen.

Auskunft über das Testergebnis

Der Psychologe muss dem Untersuchten Auskunft über das Testergebnis erteilen und gegebenenfalls ein Eignungsgutachten und die Beurteilungskriterien erläutern. Er kann dabei auf praktische Folgerungen hinweisen und den Untersuchten beraten, wie er Schwächen abbauen kann.

Allerdings hat der Bewerber keinen Rechtsanspruch auf Herausgabe des psychologischen Gutachtens, da es im Auftrag des Arbeitgebers angefertigt wird und dieser die Kosten dafür trägt.

Der Psychologe ist bei der Weitergabe von Untersuchungsergebnissen an den Auftraggeber oder dritte Personen an seine gesetzliche Schweigepflicht nach § 203 StGB gebunden. Informationen, die für die Fragestellung ohne Bedeutung sind, die ihm aber während der Untersuchung anvertraut oder sonst bekannt geworden sind, darf er nur weitergeben, wenn er ausdrücklich von seiner Schweigepflicht entbunden worden ist.

Unzulässige Fragen und Tests

Eignungstests müssen sich auf die Untersuchung arbeitsspezifischer Merkmale beschränken, das heißt, es muss ein Zusammenhang zwischen den getesteten Merkmalen und den relevanten Anforderungen des Arbeitsplatzes gegeben sein. Eine umfassende Charakterbeurteilung und Fragen, die die Privatsphäre verletzen, sind nicht zulässig.

Rechtlich bedenklich sind daher grundsätzlich Persönlichkeitstests, da sie teilweise unzulässige Fragen zum Privatleben enthalten. Inwieweit Fragen zur Privatsphäre noch zulässig sind, hängt auch von der zu besetzenden Position ab. Bei Führungskräften sind auch Fragen zur Privatsphäre bis zu einem gewissen Umfang erlaubt.

Projektive Persönlichkeitstests wie beispielsweise der Rorschachtest, bei dem Kleckse zu interpretieren sind, sind für die Personalauswahl völlig ungeeignet. Einerseits sind diese Verfahren wissenschaftlich sehr umstritten, da die Interpretation meistens intuitiv und subjektiv erfolgt und keine objektiven Auswertungskriterien bestehen. Andererseits verletzen die meisten projektiven Tests die Privatsphäre, da sie eher der Erfassung der Gesamtpersönlichkeit dienen, während ein Bezug zum Arbeits- und Berufsleben kaum besteht.

Gegen die Anwendung von Leistungs- und Intelligenztests bestehen grundsätzlich keine rechtlichen Bedenken. Allerdings reicht es nicht aus, wenn bei einem Intelligenztest als Ergebnis nur ein IQ angegeben wird. Erst wenn aufgrund der Leistungen in den Untertests ein Intelligenzprofil erstellt werden kann, sind Vergleiche mit den Anforderungen eines Berufes möglich.

Die richtige Testvorbereitung

Die meisten Bewerber, die zum ersten Mal zu einem Einstellungstest eingeladen werden, wissen nicht genau, was sie erwartet. Es lohnt sich deshalb, sich vor dem Test mit den wichtigsten Testverfahren und Aufgabentypen vertraut zu machen. Eine gute Vorbereitung ist auch deshalb sinnvoll, weil man bei Tests teilweise mit ungewöhnlichen Aufgaben konfrontiert wird, mit denen man sonst nichts zu tun hat. Mit neuen Aufgaben kann man sicher besser umgehen, wenn man sich erst einmal in Ruhe damit beschäftigen kann. Zudem muss man sich an den hohen Zeitdruck gewöhnen.

Das gelingt am besten mit einer gründlichen Vorbereitung, mit der man zugleich auch die Angst vor der Prüfungssituation erheblich reduzieren kann.

Zur Testvorbereitung gehören:

❶ *Informationen sammeln*

Zunächst einmal sollten Sie sich ganz allgemein und möglichst umfassend über Einstellungs- und Eignungstests informieren. Welche Arten von Tests gibt es? Welche Merkmale werden damit überprüft? Welche Aufgabentypen kommen vor? Wie läuft die Testsituation ab? Machen Sie sich mit den verschiedenen Arten von Tests vertraut, damit Sie wissen, was auf Sie zukommen kann. Setzen Sie sich mit den Aufgaben zum Testtraining auseinander, und finden Sie die Möglichkeiten heraus, wie Sie am günstigsten zu den Lösungen kommen.

❷ *Erfahrungen sammeln*
Nutzen Sie jede Gelegenheit, an Auswahlverfahren oder Einstellungstests teilzunehmen. Je mehr Erfahrung Sie mit Tests und Testabläufen gewonnen haben, desto sicherer werden Sie in der entscheidenden Situation sein.

❸ *Anforderungen ermitteln*
Überlegen Sie sich, welche Anforderungen mit der angestrebten Stelle oder Ihrem Wunschberuf verbunden sind. Welche Merkmale, Fähigkeiten und Kenntnisse werden erwartet und daher mit welchen Testarten und Aufgabentypen geprüft?

Bleiben Sie gelassen, und vermeiden Sie es, einem Einstellungstest zu viel Wert beizumessen. Ein Test ist nur ein Entscheidungskriterium neben anderen und ein Misserfolg oder eine Absage braucht nicht unbedingt etwas über Ihre Eignung für einen bestimmten Beruf auszusagen.

Praktische Hinweise für den Test

Vor dem Test

- Verbringen Sie nicht den Abend vor dem Test-Tag damit, alle Übungen noch einmal durchzusehen!
- Richten Sie es ein, dass Sie am anderen Morgen ausgeruht und entspannt sind!
- Verzichten Sie unbedingt auf Beruhigungsmittel!

- Machen Sie sich rechtzeitig auf den Weg, damit Sie auch noch pünktlich sind, wenn Sie den Bus verpassen oder nicht gleich einen Parkplatz finden!

Das richtige Verhalten beim Test

Falls Informationen und Erläuterungen zum Ablauf und Zweck des Tests nicht vorgesehen sind, haben Sie das Recht, folgende Fragen zu stellen: Wird der Test von einem Diplompsychologen geleitet?

Welche Testarten werden eingesetzt und welche Eignungsmerkmale sollen damit untersucht werden?

- Achten Sie genau auf die Testanweisungen. Seien Sie besonders aufmerksam, wenn die einzelnen Aufgaben erklärt werden.
- Sehen Sie sich die Beispielaufgaben gründlich an und nutzen Sie diese als Übungschance. Machen Sie sich dabei den Aufgabentyp klar, und versuchen Sie, das Lösungsprinzip zu erkennen.
- Bitten Sie um eine Erläuterung, wenn Sie etwas nicht verstanden haben.

Für die Bearbeitung der Testaufgaben sind folgende Tipps hilfreich:

- Beginnen Sie sofort und lassen Sie sich durch nichts ablenken.
- Bemühen Sie sich um Schnelligkeit, jedoch nicht auf Kosten der Sorgfalt.
- Bearbeiten Sie die Aufgaben vom Anfang her der Reihe nach, denn oft werden sie fortschreitend schwieriger.
- Lesen Sie jede Aufgabe in Ruhe durch. Halten Sie sich nicht

auf, wenn Sie merken, dass Sie keine Lösung finden; Sie verlieren nur Zeit.

- Vermeiden Sie es, gar nichts anzukreuzen. Im Notfall raten Sie lieber.
- Schreiben Sie nicht ab. Es wird Ihnen nichts nützen, denn Ihr Nachbar hat mit Sicherheit eine andere Testversion.
- Wenn Sie am Schluss noch Zeit haben, versuchen Sie es noch einmal mit den ungelösten Aufgaben. Gelingt Ihnen das nicht, brauchen Sie sich nicht zu beunruhigen. Meist sind die Zeitvorgaben so knapp angesetzt, dass ohnehin nicht alle Aufgaben zu schaffen sind.

Wenn Sie den Test nicht bestanden haben

Wenn Sie nach dem Test eine Absage bekommen, nehmen Sie sich das nicht zu sehr zu Herzen.

Bei einer hohen Bewerberzahl erhalten die meisten Teilnehmer eine Absage. Dabei werden teilweise auch Bewerber mit guten Testergebnissen abgelehnt, denn wo es viele gute Kandidaten gibt, kann eine Firma es sich leisten, nur die Besten auszuwählen. Mit dem gleichen Ergebnis wäre man bei einem anderen Unternehmen vielleicht in die engere Wahl gekommen. Manchmal werden Bewerber auch abgelehnt, weil sie »zu gut« sind und man befürchtet, dass sie später unterfordert sind.

Ein schlechtes Testergebnis kann auch durch eine ungünstige Verfassung des Bewerbers zustande kommen. Vielleicht war er nervös, unausgeschlafen, mit den Gedanken woanders oder hatte einfach einen schlechten Tag.

Schließlich kann es sich auch um einen schlechten oder nicht fachgerecht durchgeführten Test handeln, sodass zu bezweifeln ist, ob die Testergebnisse überhaupt etwas über die berufliche Eignung aussagen.

Erkundigen Sie sich nach dem genauen Testergebnis, und versuchen Sie, Hinweise darauf zu bekommen, wo Ihre Schwachstellen liegen. Überlegen Sie sich für den nächsten Test: Wo müssen Sie ansetzen, um eine Verbesserung Ihrer Leistungen zu erreichen? Welche Art von Tests hat Ihnen die größten Schwierigkeiten gemacht, sodass Sie sich gerade darauf besser vorbereiten müssen?

Wichtig ist vor allem dies: Lassen Sie sich auf keinen Fall entmutigen, wenn Sie ein schlechtes Ergebnis erreicht haben. Vielmehr sollten Sie zielstrebig darangehen, sich auf den nächsten Test vorzubereiten.

Erfolg durch Testtraining

Übung macht bekanntlich den Meister. Der folgende Teil des Buches dient zur Vorbereitung und zum Trainieren von Einstellungstests. Die ausgewählten Testbeispiele entsprechen den Aufgabentypen aus den am häufigsten eingesetzten Einstellungstests. Das Ziel dieses Trainings besteht darin, Sie mit den unterschiedlichen Aufgabentypen vertraut zu machen. Durch die Bearbeitung der Übungsaufgaben sollen Sie wesentliche Lösungsprinzipien kennen lernen und günstige Bearbeitungstechniken entwickeln und einüben. Besonders bei bisher unbekannten Aufgabentypen werden Sie davon profitieren, wenn Sie aufgrund Ihrer Übungserfahrungen das Lösungsprinzip schnell erkennen und anwenden können. Wichtig ist es außerdem, dass Sie sich an das Arbeiten unter Zeitdruck gewöhnen. Deshalb sind bei den meisten Tests die Bearbeitungszeiten angegeben.

Beachten Sie besonders die Lösungstipps, die verschiedenen Testaufgaben beigefügt sind. Hier erhalten Sie wertvolle Hinweise für die Bearbeitung einzelner Tests.

Testtraining mit typischen Testaufgaben

Kenntnistests

Kenntnistests dienen in erster Linie dazu, die schulischen Kenntnisse von Bewerbern auf Ausbildungsplätze zu ermitteln. Demgemäß handelt es sich bei diesen Tests eher um Aufgabensammlungen, die so zusammengestellt sein sollen, dass sie für das jeweilige Wissensgebiet repräsentativ sind. Da mittlerweile häufig die Auffassung vertreten wird, die Noten in Schulzeugnissen seien nicht mehr zuverlässig, nutzen viele Unternehmen die Möglichkeit, das Wissen ihrer künftigen Mitarbeiter nach eigenen Kriterien zu überprüfen.

Die Lösungen der folgenden Aufgaben notieren Sie am besten auf einem gesonderten Blatt. So lassen sie sich am leichtesten mit den Ergebnissen hinten im Buch (Seite 189 ff.) vergleichen.

Deutsch/Rechtschreibung

In Einstellungstests für Ausbildungsplatzbewerber werden immer auch die Rechtschreibkenntnisse überprüft. Besonders für die kaufmännischen Berufe werden gute Rechtschreibleistungen erwartet. Manchmal werden den Bewerbern Texte diktiert, die in der Regel aus einer anspruchsvolleren Zeitung oder Zeitschrift stammen. Meistens wird man Ihnen allerdings schwierige Wörter vorlegen, deren richtige Schreibweise Sie auswählen oder angeben müssen.

Anhand der folgenden Aufgaben können Sie Ihre Rechtschreibleistungen testen. Wenn Sie Schwierigkeiten in bestimmten Bereichen haben, sollten Sie Ihre Kenntnisse aus Schulbüchern, mit dem Rechtschreibduden oder mithilfe spezieller Lernprogramme auffrischen. Diese gibt es inzwischen auch für den Computer.

Die neue deutsche Rechtschreibung gilt ab dem 1. August 1998; verbindlich ist sie ab dem 1. August 2005. Der Lösungsteil (ab Seite 189) orientiert sich daher an den neuen Regelungen, weist aber zusätzlich auch auf abweichende »alte« Schreibungen hin. Die Unternehmen werden ihre Tests allmählich umstellen. Welche Rechtschreibung die jeweilige Firma erwartet, sollten Sie in dieser Übergangsphase sicherheitshalber erfragen.

Groß- oder Kleinschreibung

Hier soll überprüft werden, ob Sie die Groß- und Kleinschreibung beherrschen. Entscheiden Sie jeweils bei den Buchstaben in Klammern, ob sie groß- oder kleingeschrieben werden müssen, und streichen Sie anschließend den falschen Buchstaben durch.

❶ Im **(G/g)**roßen und **(G/g)**anzen hat er **(R/r)**echt.
❷ Er tat sein **(M/m)**öglichstes.
❸ Im **(A/a)**llgemeinen kommt er pünktlich.
❹ Er war bis zum **(Ä/ä)**ußersten gereizt.
❺ Er tappte völlig im **(D/d)**unkeln.
❻ Fürs **(E/e)**rste reicht das.
❼ Im **(E/e)**inzelnen geht es um folgende Punkte.
❽ Jenseits von **(G/g)**ut und **(B/b)**öse.
❾ Der **(N/n)**ächste, bitte.

⑩ Es tat ihm **(L/l)**eid, dass er **(S/s)**chuld war.
⑪ Die **(E/e)**rsten werden die **(L/l)**etzten sein.
⑫ Mir wurde es **(A/a)**ngst und **(B/b)**ange.
⑬ Es bleibt alles beim **(A/a)**lten.
⑭ Er hat sein **(B/b)**estes getan.
⑮ Ich möchte **(F/f)**olgendes vorschlagen.
⑯ Das war eine Freude für **(J/j)**ung und **(A/a)**lt.
⑰ Ich komme morgen **(M/m)**ittag nach Hause.
⑱ Er war der **(D/d)**ritte im Bunde.
⑲ Er sieht ihm zum **(V/v)**erwechseln ähnlich.
⑳ Das **(S/s)**ingen macht mir Spaß.
㉑ Er spricht schlecht **(D/d)**eutsch.
㉒ Er gab das Geheimnis nicht **(P/p)**reis.
㉓ Das Kind verunglückte beim **(S/s)**pielen.
㉔ Er sagte nichts **(N/n)**eues.
㉕ Das **(E/e)**inzige, was ich tun kann ...
㉖ Von diesen Bildern suche ich das **(B/b)**este aus.
㉗ Alles **(Ü/ü)**brige regeln wir morgen.
㉘ die **(V/v)**ereinigten Staaten von Amerika
㉙ Karl der **(G/g)**roße
㉚ die **(D/d)**eutsche Mark

Lösung: Seite 191

Gleich klingende Laute

Hier geht es um Laute, die in verschiedenen Wörtern gleich oder ähnlich klingen, aber unterschiedlich geschrieben werden. Ergänzen Sie bei den folgenden Wörtern die richtige Schreibweise, indem Sie eine der angegebenen Alternativen einsetzen.

wider oder **wieder**

1. W___derschein
2. W___derwahl
3. zuw___der
4. w___derlegen
5. W___derhall
6. w___derholen
7. w___derrufen
8. W___derwille
9. w___derlich
10. W___dersehen

ent- oder **end-**

11. en___lich
12. en___lassen
13. en___los
14. En___sagung
15. en___gültig
16. en___weder
17. En___gelt
18. en___schließen
19. en___scheiden
20. En___spannung

-ig oder **-ich**

21. bill___
22. herzl___
23. absichtl___
24. ärml___
25. freiwill___
26. ehrl___
27. verdächt___
28. tägl___
29. sportl___
30. vielseit___

Lösung: Seite 192

Fremdwörter

Überprüfen Sie, ob die folgenden Fremdwörter richtig oder falsch geschrieben sind. Schreiben Sie ein »r« hinter die richtigen Wörter, korrigieren Sie die falsch geschriebenen Wörter.

Beispiel

❶ Inwentar **Inventar**

❷ System **r**

❶ Filosofie ______

❷ Rhytmus ______

❸ Ingenör ______

❹ Szene ______

❺ Interwiev ______

❻ Säson ______

❼ Boikott ______

❽ Taint ______

❾ Katastrofe ______

❿ Apotheke ______

⓫ razional ______

⓬ paralell ______

⓭ Routine ______

⓮ souwerän ______

⓯ Paragraf ______

⓰ Fazination ______

⓱ Teille ______

⓲ Restorant ______

⓳ Fantasie ______

⓴ Maschiene ______ →

21. Apparatur ______________________
22. Äkwator ______________________
23. Deteil ______________________
24. Kautsch ______________________
25. agressiv ______________________
26. Schance ______________________
27. Biblothek ______________________
28. efizient ______________________
29. Jornalist ______________________
30. Pulower ______________________
31. Leichtatletik ______________________
32. Rendezvous ______________________
33. Strapatze ______________________
34. fleksibel ______________________
35. Desain ______________________
36. Tourist ______________________
37. Atmosfäre ______________________
38. alfabetisch ______________________
39. representieren ______________________
40. Skitze ______________________

Lösung: Seite 193

Druckfehler finden

Jedes der folgenden Wörter enthält einen falschen oder überflüssigen Buchstaben. Diesen müssen Sie durchstreichen.

Beispiel

1. **Po~~m~~made**
2. **Mi~~c~~roskop**

1. Abstinentz
2. Motif
3. Wacks
4. Molekühl
5. Puplikation
6. Deteil
7. Wiadukt
8. Kayser
9. Popularitet
10. Respeckt
11. Tracktor
12. Sekreterin
13. wulgär
14. Ackord
15. Sielo
16. Annonze
17. Schnörckel
18. Statif
19. Reperatur
20. Zykluß
21. Analüse
22. Miehne
23. Revoluzion
24. Verließ
25. Reuber
26. representativ
27. Standart
28. Klique
29. Gardiene
30. Balanze
31. adequat
32. Erupzion
33. Kollektif
34. Mattratze
35. Reserwe
36. Khor
37. Mertyrer
38. Interwall
39. Entgeld
40. Prästige

Lösung: Seite 194

Verwirrung: Was ist hier richtig?

1. a) Appetit
   b) Apetit
   c) Apettit
   d) Appetitt
2. a) Jalosie
   b) Jallosie
   c) Jalousie
   d) Jalusie

→

❸ a) unentgeltlich
b) unendgeltlich
c) unentgeldlich
d) unentgeldtlich

❹ a) Phenomen
b) Phänomen
c) Phänomeen
d) Fänomen

❺ a) wahrheitsgemess
b) wahrheitsgemäss
c) wahrheitsgemäß
d) warheitsgemeß

❻ a) Repräsentand
b) Representant
c) Representand
d) Repräsentant

❼ a) glühent heiß
b) glühend heiß
c) glüend heiss
d) glühend heis

❽ a) Die beiden gingen durch dick und dünn.
b) Die beiden gingen durch Dick und dünn.
c) Die Beiden gingen durch dick und dünn.
d) Die beiden gingen durch Dick und Dünn.

❾ a) Am abend wurde alles bis ins Kleinste geplant.
b) Am Abend wurde Alles bis ins Kleinste geplant.
c) Am Abend wurde alles bis ins Kleinste geplant.
d) Am Abend wurde alles bis ins kleinste geplant.

❿ a) Es war im Übrigen das erste Mal.
b) Es war im übrigen das erste Mal.
c) Es war im Übrigen das erstemal.
d) Es war im übrigen das erste mal.

Lösung: Seite 195

Zeichensetzung

Bei dieser Aufgabe geht es um die Kommasetzung. Im folgenden Text aus einem Aufsatz von Romano Guardini sind die Kommas weggelassen worden. Sie haben die Aufgabe, die Kommas an den richtigen Stellen einzufügen.

Wenn wir uns einmal umhören die meisten stehen dem Staat ganz fremd gegenüber. Manchen ist er ein großes Gehäuse mit allerlei Abteilungen. Darin gehen Leute herum treiben ihre Geschäfte haben ihre Kurzweil leben und sterben und kümmern sich nicht weiter um das große Haus als dass sie bezahlen was gefordert wird damit sie darin wohnen können. Das Haus aber steht »von selbst«. Für andere ist »Staat« so viel wie die Beamten Behörden alle jene die etwas zu sagen haben. Der Rest hat guter Staatsbürger zu sein das heißt zu tun was die Behörden anordnen. Und wieder andere empfinden den Staat als feindliche Macht; als etwas das ihnen Gewalt antut ihre Freiheit beeinträchtigt ihren Besitz schmälert. Sie stehen in einem seltsamen Kriege mit ihm suchen sich seiner zu erwehren und halten ihm gegenüber Dinge für erlaubt die sie sich sonst zum Vorwurf machen würden.

Lösung: Seite 195

Rechnen/Mathematik

Die Aufgaben zur Überprüfung der rechnerischen Fähigkeiten kommen besonders aus den Bereichen Grundrechenarten, Dezimal-, Bruch-, Prozent-, Zinsrechnung, Dreisatz und in Texte gekleidete Rechenaufgaben. Die wichtigsten Regeln zur Lösung der Aufgaben werden kurz wiederholt und an einem Beispiel erläutert.

Mit den folgenden Aufgaben wird überprüft, wie gut Sie die Grundrechenarten und die Dezimalrechnung beherrschen. Im Test müssen Sie diese Aufgaben unter Zeitdruck lösen. Ein Taschenrechner ist natürlich nicht erlaubt.

Grundrechenarten

Aufgaben:

❶

	419
+	3 927
+	56
+	7 834
+	4 878

❷

	1 678,13
+	9 234,78
+	834,87
+	2 546,47
+	7 834,72

❸

	856,45
+	620,04
+	89,09
+	371,84
+	847,67

❹

	8 346
–	432
–	3 754
–	883

❺	945,9	❻	4 237,12
–	67,8	–	326,34
–	345,5	–	45,67
–	167,6	–	1 156,69

❼ 0,56 + 1,7 – 0,23
❽ 5,12 – 2,87 + 12,1
❾ 259 – 89,4 + 62,3
❿ 34 · 14
⓫ 637 · 24
⓬ 579,1 · 7,8
⓭ 578 · 19
⓮ 356 · 217
⓯ 37 · 71,3
⓰ 54,12 · 22
⓱ 80,6 · 0,9
⓲ 0,056 · 0,32
⓳ 876 : 12
⓴ 75,2 : 16
㉑ 143 : 0,11
㉒ 960 : 0,16
㉓ 0,0063 : 0,07
㉔ 22,1 : 1,3
㉕ 882 : 0,49
㉖ 102,9 : 21
㉗ 137,5 : 55
㉘ 43 · 12 + 84 : 7
㉙ 0,18 : 0,3 + 2,4
㉚ 486 : 8,1 – 17,9

Lösung: Seite 196

Bruchrechnen

Zur Lösung der folgenden Aufgaben müssen Sie die Regeln der Bruchrechnung beherrschen. Hier noch einmal die wichtigsten Regeln:

Gleichnamige Brüche werden addiert (subtrahiert), indem man die Zähler addiert (subtrahiert) und den Nenner beibehält.

Ungleichnamige Brüche müssen vor der Addition oder Subtraktion durch Erweitern auf den gleichen Nenner gebracht werden.

Beispiel

$$\frac{1}{3}+\frac{1}{2}=\frac{1\cdot 2}{3\cdot 2}+\frac{1\cdot 3}{2\cdot 3}=\frac{2}{6}+\frac{3}{6}=\frac{5}{6}$$

Zwei Brüche werden *multipliziert*, indem die Zähler und Nenner miteinander multipliziert werden. Vor dem Rechnen sollte man versuchen zu kürzen.

Beispiel

$$\frac{3}{5}\cdot\frac{4}{7}=\frac{3\cdot 4}{5\cdot 7}=\frac{12}{35}$$

Ein Bruch wird durch einen anderen Bruch *dividiert*, indem man ihn mit dessen Kehrwert multipliziert und gegebenenfalls kürzt.

Beispiel

$$\frac{3}{4}:\frac{5}{6}=\frac{3}{4}\cdot\frac{6}{5}=\frac{3\cdot 6}{4\cdot 5}=\frac{3\cdot 3}{2\cdot 5}=\frac{9}{10}$$

Aufgaben

❶ $\frac{5}{12}+\frac{6}{12}$

❷ $\frac{1}{4}+\frac{3}{8}$

❸ $\frac{2}{9}+\frac{2}{3}$

❹ $\frac{5}{6}-\frac{3}{7}$

❺ $\frac{7}{12} - \frac{3}{8}$

❻ $\frac{5}{6} - \frac{5}{8}$

❼ $\frac{8}{9} - \frac{3}{7}$

❽ $3\frac{1}{3} + \frac{1}{4}$

❾ $2\frac{3}{4} + 3\frac{2}{5}$

❿ $4\frac{5}{6} - 2\frac{3}{5}$

⓫ $\frac{2}{5} \cdot 3$

⓬ $\frac{3}{8} \cdot \frac{2}{5}$

⓭ $\frac{5}{6} \cdot \frac{2}{3}$

⓮ $\frac{2}{7} \cdot \frac{4}{9}$

⓯ $\frac{3}{11} \cdot \frac{5}{6}$

⓰ $\frac{6}{7} \cdot \frac{11}{12}$

⓱ $1\frac{1}{2} \cdot \frac{3}{4}$

⓲ $\frac{5}{8} \cdot 2\frac{4}{5}$

⓳ $2\frac{3}{7} \cdot 3\frac{2}{5}$

⓴ $4\frac{2}{3} \cdot 1\frac{3}{4}$

㉑ $\frac{5}{6} : 7$

㉒ $\frac{7}{8} : 3$

㉓ $\frac{15}{12} : 5$

㉔ $5 : \frac{5}{6}$

㉕ $12 : \frac{3}{4}$

㉖ $\frac{4}{5} : \frac{3}{4}$

㉗ $\frac{7}{10} : \frac{2}{5}$

㉘ $\frac{6}{11} : \frac{4}{7}$

㉙ $\frac{5}{12} : 1\frac{2}{3}$

㉚ $1\frac{3}{5} : \frac{4}{9}$

Lösung: Seite 196

Dreisatzaufgaben

Dreisatzaufgaben sind so konstruiert, dass zu einem gegebenen Größenpaar (a_1 und b_1) und der gegebenen Größe a_2 auf eine dritte unbekannte Größe x geschlossen wird. Dabei lassen sich grundsätzlich zwei Typen unterscheiden:

1. Dreisatz mit direktem Verhältnis

Beispiel

4 kg (a_1) Äpfel kosten 6 Euro (b_1). Wie viel (x) kosten 6 kg (a_2)?

Hier verändern sich die verschiedenen Größen in gleicher Richtung:
je mehr Größe a (Äpfel), desto mehr Größe b (Euro)
je weniger Größe a (Äpfel), desto weniger Größe b (Euro)

Zuerst wird durch Division von der gegebenen Zahl auf eine Einheit und dann durch Multiplikation auf die gesuchte Größe geschlossen.

Lösung:

$$\frac{a_1}{b_1} = \frac{a_2}{x} \qquad x = \frac{b_1 \cdot a_2}{a_1}$$

$$\frac{4\text{ kg}}{6\text{ €}} = \frac{6\text{ kg}}{x\text{ €}} \qquad x = \frac{6\text{ E} \cdot 6\text{ kg}}{4\text{ kg}} = 9\text{ €}$$

2. Dreisatz mit umgekehrtem Verhältnis

Beispiel

9 Maler (a1) brauchen zum Anstreichen eines Gebäudes 2 Tage (b1). Welche Zeit (x) benötigen 6 Maler (a2)?

Hier verändern sich die verschiedenen Größen in entgegengesetzter Richtung:
je mehr Größe a (Maler), desto weniger Größe b (Tage)
je weniger Größe a (Maler), desto mehr Größe b (Tage)

Zuerst wird zum Schließen auf eine Einheit multipliziert, anschließend zum Schließen auf die gesuchte Größe dividiert.

Lösung:

$$a1 \cdot b1 = a2 \cdot x \qquad x = \frac{a1 \cdot b1}{a2}$$

$$9 \text{ Maler} \cdot 2 \text{ Tage} = 6 \text{ Maler} \cdot x \text{ Tage}$$

$$x \text{ Tage} = \frac{9 \text{ Maler} \cdot 2 \text{ Tage}}{6 \text{ Maler}} = 3 \text{ Tage}$$

Aufgaben:

❶ 12 Arbeiter brauchen zum Abladen eines Waggons 4 Stunden. In welcher Zeit wird die Arbeit von 8 Arbeitern geleistet?

❷ Peter kommt mit seinem Urlaubstaschengeld 14 Tage aus, wenn er täglich 15 Euro ausgibt. Wie lange kommt er aus, wenn er pro Tag 21 Euro ausgibt?

❸ Ein PKW braucht für 100 km 8 l Benzin. Wie viel benötigt er für 320 km?

❹ Für eine Strecke braucht man 6 Stunden bei einer Geschwindigkeit von 80 km/h. Wie hoch muss die Geschwindigkeit sein, wenn man die gleiche Strecke in 4 Stunden schaffen will?

❺ 3 Minuten eines Telefonats kosten 24 Cent. Wie teuer ist ein Gespräch von 20 Minuten Dauer?

❻ Ein Teppichboden für ein Zimmer kostet 216 Euro. Wie groß ist das Zimmer, wenn ein Quadratmeter 12 Euro kostet?

❼ 24 Arbeiter bauen in 30 Arbeitstagen 120 Maschinen zusammen. Für einen Auftrag über 100 Maschinen stehen 40 Arbeitstage zur Verfügung. Wie viele Arbeiter werden dafür benötigt?

Lösung: Seite 198

Prozent- und Zinsrechnung

In der *Prozentrechnung* unterscheidet man drei Größen: Prozentwert (PW), Prozentsatz (PS), Grundwert (GW). Zwei Größen müssen gegeben sein, um die dritte auszurechnen. Es gilt:

$$\text{Prozentwert (PW)} = \frac{GW \cdot PS}{100}$$

Je nachdem, welche Größen gegeben sind, muss die Gleichung umgeformt werden:

$$\text{Prozentsatz (PS)} = \frac{PW \cdot 100}{GW}$$

$$\text{Grundwert (GW)} = \frac{PW \cdot 100}{PS}$$

Beispiel

Von 30 Schülern sind 6 durch die Prüfung gefallen.
Wie viel % sind das?

PW = 6, GW = 30 $PS = \frac{6 \cdot 100}{30} = 20\,\%$

In der *Zinsrechnung* gibt es folgende Größen: Zinsen (z), Kapital (k), Zinssatz (p), Zinstage (t). Es gilt:

$$z = \frac{k \cdot p \cdot t}{100 \cdot 360}$$

Durch Umformung erhält man die anderen Größen:

$$k = \frac{z \cdot 100 \cdot 360}{p \cdot t}$$

$$p = \frac{z \cdot 100 \cdot 360}{k \cdot t}$$

$$t = \frac{z \cdot 100 \cdot 360}{k \cdot p}$$

In der *Zinsrechnung* wird jeder Monat mit 30 Tagen und das Jahr mit 360 Tagen gerechnet. Für Monats- und Jahreszinsen gelten folgende Formeln:

$$\text{Monatszinsen} = \frac{k \cdot p \cdot \text{Monate}}{100 \cdot 12}$$

$$\text{Jahreszinsen} = \frac{k \cdot p \cdot \text{Jahre}}{100}$$

Beispiel

Ein Sparvertrag von 2000 Euro wird mit 6 % verzinst. Wie viel Zinsen erhält man nach 8 Monaten?

$$\text{Zinsen} = \frac{2\,000\,€ \cdot 6 \cdot 8}{100 \cdot 12} = 80\,€$$

Aufgaben:

1. Eine Firma gewährt einen Rabatt von 3 %. Wie viel muss ein Kunde zahlen, der Waren im Wert von 780 Euro kauft?
2. Der Einkaufspreis einer Ware beträgt 16 Euro, der Verkaufspreis 19,20 Euro. Wie viel % wurden auf den Einkaufspreis aufgeschlagen?
3. Ein Angestellter verdient brutto 2600 Euro. Davon wird ein Arbeitnehmeranteil von 19 % für die Sozialversicherungen abgezogen. Wie hoch ist dieser Betrag?
4. Herr Meier verdient nach einer Gehaltserhöhung von 3 % 2472 Euro. Wie viel hat er vorher verdient?
5. Herr Schmidt zahlt für seinen neuen PKW nach Abzug eines Rabatts von 8 % noch 19 320 Euro. Wie viel hat der Wagen vorher gekostet?
6. Die Miete für ein Geschäft steigt nach einer 8 %igen Erhöhung um 280 Euro. Wie hoch ist die neue Miete?
7. Ein Mann verdient 20 % mehr als seine Frau. Wie hoch ist das Einkommen der Frau, wenn beide zusammen 3300 Euro verdienen?
8. Die Belegschaft einer Firma wurde um 14 % auf 344 verringert. Wie viele Arbeitnehmer waren vorher dort beschäftigt?
9. Wie hoch ist der Zinssatz für ein Darlehen von 30 000 Euro, wenn man in 3 Jahren 7200 Euro Zinsen zahlen muss?

⓾ 2000 Euro werden pro Jahr mit 5 % verzinst. Auf wie viel Euro ist das Kapital nach drei Jahren angewachsen?

⓫ Wie viele Monate dauert es, bis 80 000 Euro, die zu 7,5 % angelegt werden, auf 84 000 Euro angewachsen sind?

⓬ Ein Computer kostet 1194,80 Euro. Im Preis sind 16 % Mehrwertsteuer enthalten. Wie hoch ist der Nettopreis?

⓭ Ein ausgeliehener Geldbetrag wurde einschließlich 6 % Zinsen nach 9 Monaten mit 4180 Euro zurückgezahlt. Wie viel Euro betrug das ausgeliehene Kapital?

⓮ Ein Hausbesitzer zahlt 6 % Hypothekenzinsen. Er überweist vierteljährlich 3000 Euro. Wie hoch ist die Hypothek?

⓯ Der Lohn eines Facharbeiters beträgt heute 16,22 Euro. Er wurde zuletzt um 3 % und davor um 5 % erhöht. Welchen Lohn verdiente der Arbeiter vor den Erhöhungen?

Lösung: Seite 198

Umwandeln von Maßeinheiten

Bei den folgenden Aufgaben sollen Sie Maße und Gewichte in andere Einheiten umwandeln.

Beispiel

Wie viel mm² sind 12,4 cm²?
***Lösung:* 1240 mm²**

❶ Wie viel cm sind 12,6 km?

❷ Wie viel km sind 37 cm?

❸ Wie viel m sind 14,8 dm?

❹ Wie viel mm sind 56,3 cm? ➔

5. Wie viel cm sind 8,5 mm?
6. Wie viel m^2 sind 4,2 km^2?
7. Wie viel mm^2 sind 0,23 m^2?
8. Wie viel km^2 sind 35,8 ha?
9. Wie viel km^2 sind 0,7 ha?
10. Wie viel kg sind 18,4 t?
11. Wie viel g sind 0,03 t?
12. Wie viel mg sind 0,056 g?
13. Wie viel Zentner sind 480 kg?
14. Wie viel l sind 7,5 m^3?
15. Wie viel hl sind 325 l?
16. Wie viel cm^3 sind 26,8 l?
17. Wie viel g sind 7 Pfund und 30 g?
18. Wie viel Std. sind 24 Min.?
19. Wie viel Sek. sind 3 Std. und 40 Min.?
20. Wie viel m/s sind 90 km/h?

Lösung: Seite 198

Geometrie

1. Eine Terrasse von 40 m^2 soll Fliesen der Größe 25 cm x 25 cm bekommen. Wie viele Fliesen werden benötigt?
2. Ein Schwimmbecken hat eine Breite von 8 m, eine Länge von 15 m und eine Höhe von 2 m. Wie viel Liter Wasser enthält das Becken, wenn es bis 20 cm unterhalb des Randes mit Wasser gefüllt ist?
3. Eine 8 m hohe Wand soll durch einen Balken abgestützt werden. Der Balken soll 4 m vom Fußpunkt der Wand aufgesetzt werden und bis zu ihrem Ende reichen. Wie lang muss der Balken sein?
4. Das Rad eines Traktors hat einen Durchmesser von 1,5 m.

Wie viel m hat der Traktor zurückgelegt, wenn sich das Rad 20-mal gedreht hat?

❺ Der Scheibenwischer eines Autos hat eine Länge von 50 cm und deckt einen Winkel von 120° ab. Wie groß ist die gereinigte Fläche der Autoscheibe?

❻ Der Äquator hat eine Länge von 40 000 km. Wie groß ist der Erdradius?

❼ Eine Plakatsäule ist 2,50 m hoch und hat einen Durchmesser von 1,20 m. Welche Fläche kann beklebt werden?

❽ Eine Regentonne hat einen Durchmesser von 60 cm und eine Höhe von 80 cm. Wie viel Liter Wasser fasst die Tonne?

Lösung: Seite 199

Vermischte Textaufgaben

Bei den folgenden Aufgaben handelt es sich um vermischte Textaufgaben, wie sie in Tests zur Überprüfung der rechnerischen Fähigkeiten eingesetzt werden. Hier bekommen Sie auch eine Zeitvorgabe, sodass Sie möglichst schnell arbeiten müssen.

Beispiel

❶ **Wie viel Euro kostet 1 kg Äpfel, wenn 2 1/4 Kilo 2,70 Euro kosten?**

Lösung: 1,20 Euro

❷ **Die Summe zweier Zahlen beträgt 10. Die erste Zahl verhält sich zur zweiten wie 2 zu 3. Wie heißen diese Zahlen?**

Lösung: 4 und 6

Die Bearbeitungszeit für die folgenden Aufgaben beträgt 15 Minuten.

❶ Ein Auto fährt in 3 Minuten 6 km. Wie viel km fährt es in 40 Minuten?

❷ 4 Personen haben ein durchschnittliches Gewicht von 69 kg. Die erste Person wiegt 76 kg, die zweite 61 kg, die dritte 65 kg. Wie viel wiegt die vierte Person?

❸ Ein Lebensmittelvorrat reicht für 12 Personen 8 Tage aus. Wie viel Tage reicht der Vorrat für 4 Personen?

❹ Addiert man zu einer Zahl 5 und multipliziert diese Summe mit 4, so erhält man 44. Welche Zahl ist es?

❺ $1\frac{1}{2}$ m Teppichboden kosten 18 Euro. Wie viel kosten dann $4\frac{1}{2}$ m?

❻ Die Summe aus der Hälfte, dem dritten Teil und dem vierten Teil einer Zahl ergibt zusammen 52. Wie heißt die Zahl?

❼ Zum Bau einer Mauer brauchen 8 Maurer 12 Tage. Nun sind zwei Maurer krank. In wie viel Tagen ist die Mauer fertig?

❽ Ein Angestellter verdient 2400 Euro. 15 % muss er als Steuer an den Staat abführen. Wie viel Geld verbleibt ihm noch?

❾ Wolfgang hat 164 Euro, Norbert 96 Euro. Wie viel Euro muss Wolfgang abgeben, damit beide gleich viel haben?

❿ Eine Aktie ist im Kurswert von 250 Euro auf 350 Euro gestiegen. Wie viel % beträgt die Kurssteigerung?

⓫ 5 Flaschen Wein kosten 24 Euro. Jetzt bekommt man 6 Flaschen für diesen Preis. Um wie viel Cent sind die Flaschen jetzt billiger geworden?

⓬ Ein Gewinn von 840 Euro soll im Verhältnis 3:4 auf 2 Personen aufgeteilt werden. Wie groß ist der kleinere Betrag?

13 Ein Würfel mit einer Kantenlänge von 4 cm wiegt 128 Gramm. Wie viel Gramm wiegt ein Würfel von 3 cm Kantenlänge bei gleichem Material?

14 Ein Gewinn von 35 000 Euro soll so aufgeteilt werden, dass A das Doppelte von B und C die Hälfte von B erhalten soll. Wie viel Euro erhält jeder?

15 Ein Rechteck mit den Seitenlängen 6 cm und 9 cm soll um $\frac{1}{3}$ vergrößert werden. Wie groß ist die neue Fläche in cm^2?

16 In einer Goldmine gewinnt man aus einer Tonne Erz 9 Gramm Gold. Wie viel Tonnen Erz muss man abbauen, um 4,5 kg Gold zu gewinnen?

17 Von einem Kredit sind $\frac{2}{5}$ bereits zurückgezahlt. Wenn jetzt 250 Euro zurückgezahlt werden, beträgt die Restschuld noch 230 Euro. Wie hoch war die Gesamtschuld?

18 Ein Zug fährt mit einer Geschwindigkeit von 120 km pro Stunde nach Z. In 6 Std. soll er am Ziel sein. Nach 4 Std. 20 Min. trifft der Zug in S ein. Wie weit ist er noch von Z entfernt?

19 $\frac{1}{4}$ Rechenaufgaben sind schwer. $\frac{1}{3}$ sind leicht. 10 Aufgaben haben eine mittlere Schwierigkeit. Wie viele Rechenaufgaben sind es insgesamt?

20 50 l Wasser mit einer Temperatur von 60°C werden gemischt mit 20 l Wasser von 25°C. Wie hoch ist die Durchschnittstemperatur?

21 Ein Seil von 60 m Länge soll so zerschnitten werden, dass das eine Stück $\frac{2}{3}$ der Länge des anderen beträgt. Wie lang ist das kürzere Stück?

22 12 kg Obst kosten 15,50 Euro. Darunter sind Birnen zu 1,50 Euro pro Kilo und Äpfel zu 1 Euro pro Kilo. Wie viel kg wurden von jeder Sorte gekauft? →

㉓ In einem Betrieb kommen 60 % der Männer und 50 % der Frauen mit dem Auto zur Arbeit. Wie viel Prozent kommen insgesamt mit dem Auto, wenn dort 60 % Männer arbeiten?

Lösung: Seite 199

Schätzen

Die folgenden Rechenaufgaben sollen nicht ausgerechnet werden. Sie können das richtige Ergebnis durch Schätzen oder einfache rechnerische Überlegungen finden. Es gibt immer rechnerische Anhaltspunkte, die es ermöglichen, die richtige Lösung ohne Ausrechnen zu finden. Manchmal reicht dabei schon ein bloßes Abschätzen der Größenordnung des Ergebnisses aus.

Es ist immer nur eine der vorgegebenen Lösungen richtig.

Beispiel

❶ 4 471 + 2 345 + 1 232 = ?

a) 7841 b) 8048 c) 7544 d) 7495 4) 8100

Die richtige Lösung ist b. Das richtige Ergebnis kann man durch Zusammenzählen der Einerstellen finden.

❷ 3125 · 5 = ?

a) 12 425 b) 16 457 c) 14 378 d) 15 625 e) 15 578

Die richtige Lösung ist d. Das richtige Ergebnis kann man durch Abschätzen der Größenordnung und der Überlegung finden, dass die Einerstelle wieder eine 5 sein muss, wenn man sie mit 5 multipliziert.

Die Bearbeitungszeit für die folgenden Aufgaben beträgt 9 Minuten.

❶ $7263 + 4365 + 1712 = ?$

a) 11 473 b) 8345 c) 13 257
d) 13 340 e) 14 568

❷ $4325 + 6125 + 2425 + 3625 = ?$

a) 16 275 b) 17 320 c) 16 480
d) 13 725 e) 16 500

❸ $37\,371\frac{1}{13} + 16\frac{5}{13} + 55\,761\frac{7}{13} = ?$

a) 93 149 b) $93\,367\frac{3}{13}$ c) 91 337
d) $92\,792\frac{7}{13}$ e) $94\,308\frac{1}{13}$

❹ $6\,372\,191 - 573\,806 = ?$

a) 637 482 b) 5 798 385 c) 5 734 659
d) 5 367 293 e) 6 145 634

❺ $17\,003 \cdot 6109 = ?$

a) 127 623 657 b) 86 726 532 c) 103 871 327
d) 2 3781 157 e) 117 813 456

❻ $39 \cdot 39 = ?$

a) 1931 b) 1721 c) 1538
d) 1497 e) 1521

➜

❼ $515 + 745 + 875 + 665 = ?$

a) 2760 b) 3120 c) 3050
d) 2800 e) 2890

❽ $211 \cdot 711 + 23\,702 = ?$

a) 193 911 b) 173 723 c) 164 201
d) 247 807 e) 219 302

❾ $3{,}9 \cdot 4{,}9 = ?$

a) 19,11 b) 18,79 c) 20,81
d) 21,81 e) 19,63

❿ $734\,678 : 2 = ?$

a) 366 746 b) 324 389 c) 285 678
d) 367 339 e) 286 454

⓫ $0{,}8456 - 19 = ?$

a) – 19,8456 b) – 18,1544 c) – 20,8456
d) – 19,1544 e) – 19,3056

⓬ $(197)^2 = ?$

a) 41 237 b) 38 809 c) 39 763
d) 40 146 e) 43 156

⓭ $77 \cdot \frac{1}{7} = ?$

a) 11 b) 539 c) $10\frac{1}{7}$
d) 411 e) 77

⓮ $2340\frac{4}{16} + 3032\frac{7}{16} + 237\frac{5}{16} = ?$

a) 4678 b) $4834\frac{3}{4}$ c) 5610

d) 7123 e) $5723\frac{3}{16}$

⓯ $79\,340\frac{2}{19} \cdot 19 = ?$

a) 137 438 b) 1 384 947 c) $1\,748\,634\frac{2}{19}$

d) 1 507 462 e) $1\,562\,834\frac{9}{19}$

⓰ 58 374,184 : 10,12 = ?

a) 5896,234 b) 5768,2 c) 6143
d) 5934,3 e) 6345,234

⓱ $12\frac{1}{2}$ % von 5688 = ?

a) 1346 b) 711 c) 903
d) 921 e) 1246

⓲ $3\,457\,628 : \frac{1}{2} = ?$

a) 1 723 414 b) 6 956 728 c) 1 728 314
d) 695 364 e) 6 915 256

⓳ $\sqrt{15{,}8404} = ?$

a) 3,98 b) 4,4402 c) 3,126
d) 4,198 e) 4,202

➜

⑳ $\sqrt{15\,625} \cdot 2 = ?$

a) 125 **b)** 250 **c)** 385
d) 234 **e)** 790

Lösung: Seite 199

Allgemeinwissen

Neben den Kenntnissen in Deutsch und Mathematik wird das Allgemeinwissen überprüft. Die Bandbreite der Fragen ist hier sehr groß, da jeder eine andere Vorstellung davon hat, worin eine gute Allgemeinbildung besteht. Einen kleinen Eindruck dessen, was hier abgefragt wird, vermitteln die folgenden Fragen. Sie kommen aus den Bereichen Wirtschaft, Politik, Geschichte, Erdkunde, Kultur und den Naturwissenschaften.

Wenn Sie in einem Bereich größere Wissenslücken haben, sollten Sie Ihr Wissen aus den entsprechenden Schulbüchern auffrischen.

Wirtschaft

❶ Was versteht man unter dem Bruttosozialprodukt?

a) Summe aller in einem Land hergestellten Güter pro Jahr
b) Summe aller in einem Land hergestellten Güter und Dienstleistungen pro Jahr
c) Bruttowert aller Sozialleistungen pro Jahr
d) Bruttowert aller von Industrie- und Handwerksbetrieben erbrachten Leistungen

❷ Was ist ein Manteltarifvertrag?

a) Vom Bundeswirtschaftsminister festgelegter Tarifvertrag für alle Branchen
b) Tarifvertrag der Metallindustrie
c) Vertrag über den Lohn für das kommende Jahr
d) Langfristiger Tarifvertrag, in dem Arbeitsbedingungen, Arbeitszeiten usw. festgelegt sind

➜

❸ Was bedeutet »KG«?

a) Konsumgenossenschaft
b) Kapitalgesellschaft
c) Kommanditgesellschaft
d) Kommissionsgesellschaft

❹ Was ist eine Hausse?

a) Konjunkturanstieg
b) starker Kursanstieg an der Börse
c) Geldaufwertung
d) starker Kursrückgang an der Börse

❺ Was versteht man unter einer Rezession?

a) Wirtschaftsaufschwung
b) Konjunkturhoch
c) Konjunkturtief
d) Wirtschaftsabschwung

❻ Was versteht man unter Effekten?

a) Gewinne
b) Schulden
c) Wertpapiere
d) Fremdwährungen

❼ Wer ermittelt den Preisindex?

a) Stiftung Warentest
b) Statistisches Bundesamt
c) Wirtschaftsministerium
d) Europäische Zentralbank

❽ Was sind Subventionen?

a) Finanzielle Hilfen des Staates an Unternehmen
b) Nur die Zahlungen der EU an die Landwirte
c) Mindestpreise in der Landwirtschaft und Stahlindustrie
d) Arbeitsförderungsprogramme

❾ Welche Aussage über Aktien stimmt nicht?

a) Aktien werden an der Börse gehandelt
b) Aktionäre erhalten eine feste Verzinsung auf ihre Aktien
c) In der Hauptversammlung wird die Dividende festgesetzt
d) Aktien kann man weiterverkaufen

❿ Was ist eine Dividende?

a) Preis für eine Aktie
b) Aktienanteil, den jemand besitzt
c) Gewinn pro Aktie
d) Gewinnausschüttung pro Aktie

⓫ Was kann eine Kurssteigerung des US-Dollars bewirken?

a) Erhöhung der Ölpreise in der BRD
b) Verbilligung des Urlaubs in den USA
c) Rückgang der Rohstoffpreise für deutsche Unternehmen
d) Rückgang des Exports deutscher Waren in die USA

⓬ Durch welche der folgenden Steuern erzielt unser Staat die größten Einnahmen?

a) Tabaksteuer
b) Lohnsteuer
c) Umsatzsteuer
d) Mineralölsteuer

Lösung: Seite 200

Politik

❶ Wonach richtet sich die Sitzverteilung im Deutschen Bundestag? Nach den ...

a) Erst- und Zweitstimmen
b) Direktmandaten
c) Erststimmen
d) Zweitstimmen

❷ Von wem wird der Bundeskanzler gewählt?

a) Bundesrat
b) Bundestag
c) Bundesversammlung
d) Bundesregierung

❸ Mit der Zweitstimme wählt man ...

a) die Landesliste einer Partei
b) einen Direktkandidaten
c) einen Parteikandidaten
d) den Bundeskanzler

❹ Was ist eine Koalition?

a) Absprache zwischen Regierung und Opposition
b) Wahlversprechen
c) Zusammenarbeit zwischen Parteien
d) Zusammenschluss von Parteien zwecks Regierungsbildung

❺ Was ist eine Fraktion?

a) Bruch einer Koalition
b) Zusammenschluss von Politikern einer Partei
c) Gruppe von Parteiabtrünnigen
d) Vereinbarung zwischen Parteien

❻ Zur Grundgesetzänderung braucht man eine ...

a) absolute Mehrheit des Bundestages
b) relative Mehrheit des Bundestages
c) Zweidrittelmehrheit von Bundestag und Bundesrat
d) Dreiviertelmehrheit von Bundestag und Bundesrat

❼ Was ist die UNO?

a) Weltkinderhilfswerk
b) Weltgesundheitsorganisation
c) Sicherheitsrat
d) Vereinte Nationen

❽ Wo befindet sich der Sitz des Europäischen Parlaments?

a) Brüssel
b) Wien
c) Straßburg
d) Luxemburg

❾ Was ist Föderalismus?

a) Staatenbund
b) internationaler Zusammenschluss
c) Subventionen für Betriebe
d) bundesstaatlicher Aufbau

➜

⑩ Welches Land gehört nicht zur Europäischen Union?

a) Finnland
b) Irland
c) Schweden
d) Norwegen

⑪ Die Amtszeit des Bundespräsidenten dauert

a) 6 Jahre
b) 5 Jahre
c) 4 Jahre
d) 2 Jahre

⑫ Was verbinden Sie mit der Abkürzung KSZE?

a) Vertrag über die friedliche Nutzung des Weltraums
b) Kommunistische Partei der Sowjetunion
c) Konferenz über Sicherheit und Zusammenarbeit in Europa
d) Konferenz zum Weltumweltschutz

Lösung: Seite 200

Geschichte

❶ Wer war zur Zeit der Schlacht im Teutoburger Wald römischer Kaiser?

a) Cäsar
b) Nero
c) Tacitus
d) Augustus

❷ Wer war der erste amerikanische Präsident?

a) Lincoln
b) Washington
c) Roosevelt
d) Franklin

❸ Wann wurde das Deutsche Reich gegründet?

a) 1871
b) 1866
c) 1848
d) 1933

❹ Von welchem Herrscher stammt der Ausspruch »Der Staat bin ich!«?

a) Peter der Große
b) Napoleon
c) Ludwig XIV.
d) Friedrich der Große

❺ Wer war der erste Reichspräsident der Weimarer Republik?

a) Stresemann
b) Ebert
c) Rathenau
d) Hindenburg

❻ Wann war die Oktoberrevolution in Russland?

a) 1905
b) 1928
c) 1917
d) 1922

❼ Wann begann die Weltwirtschaftskrise?

a) 1929
b) 1919
c) 1945
d) 1933

❽ Welches Land regierte Friedrich der Große?

a) Österreich
b) Das Deutsche Reich
c) Russland
d) Preußen

❾ Über welchen Zeitraum erstreckte sich das Dritte Reich?

a) 1923–1939
b) 1933–1945
c) 1929–1945
d) 1939–1945

➜

⑩ Auf welche Stadt fiel 1945 die erste Atombombe?

a) Tokio
b) Nagasaki
c) Hiroshima
d) Osaka

⑪ Welches Ereignis leitete den Untergang des spanischen Weltreiches ein?

a) Unabhängigkeitserklärung Amerikas
b) Spanischer Erbfolgekrieg
c) Schlacht bei Trafalgar
d) Untergang der spanischen Flotte

⑫ Durch das Ermächtigungsgesetz von 1933 konnte Hitler ...

a) selbstständig Gesetze erlassen
b) Minister ohne Gegenzeichnung des Reichspräsidenten berufen
c) den Oberbefehl über die Wehrmacht ausüben
d) den Reichstag auflösen

⑬ Welche Ziele hatte der Marshall-Plan?

a) Politische Vereinigung Westeuropas
b) Finanzierung des europäischen Wiederaufbaus durch die USA
c) Wiedervereinigung Deutschlands
d) Abrüstung der BRD

⑭ Wie hießen die ersten drei Bundespräsidenten?

a) Heuss, Heinemann, Scheel
b) Heuss, Lübke, Scheel
c) Heuss, Lübke, Heinemann
d) Lübke, Heinemann, Scheel

⓯ Welches Ereignis passierte im Jahr 1961?

a) Volksaufstand in der ehemaligen DDR
b) Gründung der EWG
c) Berliner Mauerbau
d) Ermordung des amerikanischen Präsidenten Kennedy

Lösung: Seite 201

Erdkunde

❶ Welche Stadt liegt nicht in Bayern?

a) Stuttgart
b) Augsburg
c) Würzburg
d) Nürnberg

❷ Wo entspringt die Donau?

a) in den Alpen
b) im Schwarzwald
c) im Bayerischen Wald
d) in den Vogesen

❸ Wie groß ist ungefähr der Erdumfang?

a) 60 000 km
b) 40 000 km
c) 30 000 km
d) 20 000 km

❹ Ordnen Sie folgende Städte und Bundesländer richtig zu.

1. Wiesbaden	A. Niedersachsen
2. Magdeburg	B. Thüringen
3. Braunschweig	C. Nordrhein-Westfalen
4. Aachen	D. Hessen
5. Erfurt	E. Sachsen-Anhalt

➜

a) 1D-2B-3C-4A-5E
b) 1C-2E-3A-4D-5B
c) 1D-2B-3E-4C-5A
d) 1D-2E-3A-4C-5B

❺ Welche Länder haben keine gemeinsame Grenze?

a) Niederlande – Frankreich
b) Schweiz – Italien
c) Norwegen – Finnland
d) Rumänien – Ukraine

❻ Welches ist der höchste europäische Berg?

a) Matterhorn
b) Zugspitze
c) Montblanc
d) Großglockner

❼ Ordnen Sie folgende Hauptstädte und Länder richtig zu.

A) Spanien	a) Warschau
B) Österreich	b) Budapest
C) Portugal	c) Madrid
D) Tschechien	d) Wien
E) Ungarn	e) Stockholm
F) Polen	f) Oslo
G) Schweden	g) Lissabon
H) Norwegen	h) Prag

❽ Wo liegen die Anden?

a) Mexiko
b) Südafrika
c) Nordamerika
d) Südamerika

❾ Welcher der folgenden Seen liegt am Äquator?

a) Tschadsee
b) Aralsee
c) Victoriasee
d) Eriesee

❿ Wie heißt die Verbindung zwischen Mittelmeer und Rotem Meer?

a) Panamakanal
b) Suezkanal
c) Dardanellen
d) Straße von Gibraltar

⓫ Wie heißt der längste Fluss Europas?

a) Elbe
b) Rhein
c) Donau
d) Wolga

⓬ Welche Stadt liegt am Mississippi?

a) Detroit
b) Philadelphia
c) New Orleans
d) Chicago

Lösung: Seite 201

Naturwissenschaften (Physik, Chemie, Biologie)

❶ Wie wird Arbeit in der Physik definiert?

a) Weg x Zeit
b) Kraft x Weg
c) Kraft x Zeit
d) Kraft x Geschwindigkeit

❷ Am Flaschenzug herrscht Gleichgewicht, wenn gilt ...

a) Kraft = Last
b) Kraft = Last · Rollenzahl
c) Kraft = Last/Rollenzahl
d) Kraft = Rollenzahl/Last

➜

❸ Ein halb mit Wasser gefüllter Pappbecher wird ins Wasser getaucht. Wie tief sinkt er etwa ein?

a) sinkt nach unten
b) bis zum oberen Rand
c) weniger als halb
d) zur Hälfte

❹ Welche Geschwindigkeit hat der Schall?

a) 333 m/sec b) 333 m/min
c) 333 km/min d) 3 km/sec

❺ In welchen Stoffen pflanzt sich Schall am schnellsten fort?

a) in gasförmigen b) in flüssigen
c) in festen d) im Vakuum

❻ Welche Aussage über den Siedepunkt ist richtig?

a) Der Siedepunkt liegt immer bei 100 °C
b) Der Siedepunkt steigt bei geringerem Luftdruck
c) Je niedriger der Siedepunkt, desto mehr Energie braucht man
d) Der Siedepunkt sinkt bei geringerem Luftdruck

❼ Welche der folgenden Linsen verkleinert ein betrachtetes Objekt?

a) bikonkav b) bikonvex
c) konvexkonkav d) plankonvex

❽ Was kann man mit einem Prisma machen?
a) Licht verstärken
b) Licht in Farben zerlegen
c) UV-Strahlen filtern
d) Temperatur regeln

❾ In welcher Einheit wird die Stromspannung gemessen?
a) Ampere
b) Watt
c) Ohm
d) Volt

❿ Welche Spannung braucht man, wenn in einem Draht mit dem Widerstand 500 Ω ein Strom der Stärke I = 0,5 A fließen soll?
a) 250 V
b) 220 V
c) 200 V
d) 100 V

⓫ Welche Abkürzung hat das chemische Element Eisen?
a) Ag
b) Fe
c) Ei
d) Cu

⓬ Wofür steht die Abkürzung CO_2?
a) Kohlenstoff
b) Stickstoff
c) Kohlensäure
d) Kohlendioxid

⓭ Welches Element gehört nicht zu den Edelgasen?
a) Neon
b) Helium
c) Ozon
d) Argon

➜

⓮ Wie bezeichnet man den chemischen Prozess, wenn Eisen rostet?

a) Reduktion b) Oxidation
c) Dissoziation d) Elektrolyse

⓯ Wann verfärbt sich Lackmuspapier rot? Durch Kontakt mit ...

a) Basen b) Wasserstoff
c) Salzen d) Säuren

⓰ Unter Oxiden versteht man chemische Verbindungen mit ...

a) Stickstoff b) Wasserstoff
c) Sauerstoff d) Kohlenstoff

⓱ Auf welchem Element baut die organische Chemie auf?

a) Sauerstoff b) Kohlenstoff
c) Stickstoff d) Wasserstoff

⓲ Wie heißen Stoffe, die eine chemische Reaktion beschleunigen können?

a) Katalysatoren b) Elektrolyte
c) Konverter d) Inhibitoren

⓳ Ergänzen Sie folgende Reaktionsgleichung:
$2SO_2 + ... \rightarrow 2H_2SO_3$

a) H_2O b) $2H_2O$
c) H_2S d) $2HO$

⑳ Was versteht man unter einer Legierung?

a) Edelstahl
b) reines Metall
c) Mischmetall
d) Metallerzeugungsprozess

㉑ Wie viel Liter Blut hat der Mensch?

a) 4–5 l b) 5–6 l
c) 7 l d) 7–8 l

㉒ Welche Funktion haben die weißen Blutkörperchen?

a) Sauerstofftransport
b) Blutgerinnung
c) Erregerbekämpfung
d) Nährstofftransport

㉓ Welche der folgenden Drüsen gehört nicht zum Verdauungssystem?

a) Thymusdrüse
b) Mundspeicheldrüse
c) Bauchspeicheldrüse
d) Leber

㉔ Wie heißt die befruchtete Eizelle?

a) Keimling b) Plazenta
c) Fötus d) Zygote

㉕ Welches Hormon senkt den Blutzuckerspiegel?

a) Glukagon b) Thyroxin
c) Adrenalin d) Insulin

➜

㉖ Pflanzen können mithilfe der Lichtenergie Kohlendioxid und Wasser in Zucker und Sauerstoff umwandeln. Wie heißt dieser Prozess?

a) Polarisation b) Dehydrierung
c) Photosynthese d) Dissimilation

㉗ Welche Tiere machen keine Metamorphose durch?

a) Insekten b) Reptilien
c) Lurche d) Würmer

㉘ Wie viele Chromosomen hat die menschliche Zelle?

a) 48 b) 52 c) 38 d) 46

㉙ Welche Aussage über Viren ist falsch?

a) Viren bestehen aus Proteinen und Nukleinsäuren
b) Viren enthalten Enzyme
c) Sie haben keinen eigenen Stoffwechsel
d) Viruserkrankungen lassen sich gezielt mit Antibiotika bekämpfen

㉚ Was ist falsch? Das Auge der Biene

a) ermöglicht scharfes Sehen
b) besteht aus vielen Einzelaugen
c) ermöglicht nur unscharfes Sehen
d) kann ein sehr weites Blickfeld ohne Kopfbewegung überschauen

Lösung: Seite 201

Kultur (Kunst, Musik, Literatur)

❶ Welchen Baustil hat der Kölner Dom?

a) Romanik b) Renaissance
c) Gotik d) Barock

❷ Wer malte die »Mona Lisa«?

a) Leonardo da Vinci b) Rubens
c) Rembrandt d) Raffael

❸ Zu welcher Stilrichtung gehört die Malerei Renoirs?

a) Expressionismus b) Impressionismus
c) Surrealismus d) Kubismus

❹ Wo befindet sich die Alhambra?

a) Tunis b) Valencia
c) Marrakesch d) Granada

❺ Was ist ein Aquarell?

a) Wandmalerei b) Tuschezeichnung
c) Wasserfarbenbild d) Glasmalerei

❻ Welches Bauelement kennzeichnet den gotischen Baustil?

a) Spitzbogen b) Rundbogen
c) Stuckverzierung d) Kuppel

❼ Wer komponierte die »Kleine Nachtmusik«?

a) Haydn b) Mozart
c) Beethoven d) Schubert

➜

❽ Wer war neben Bach ebenfalls ein bedeutender Komponist des Barockzeitalters?

a) Schubert
b) Haydn
c) Mozart
d) Händel

❾ Aus welchen Tönen besteht der G-Dur-Akkord?

a) g-b-d
b) g-c-e
c) g-h-d
d) g-h-e

❿ Was bedeutet in einem Musikstück der Hinweis »allegro«?

a) von vorne
b) langsam
c) laut
d) schnell

⓫ Welches Instrument ist kein Blasinstrument?

a) Klarinette
b) Bratsche
c) Fagott
d) Oboe

⓬ Wie nennt man eine Tonleiter aus Halbtonschritten?

a) chromatisch
b) diatonisch
c) melodisch
d) harmonisch

⓭ Wer komponierte die Oper »Aida«?

a) Wagner
b) Verdi
c) Mozart
d) Strauss

⓮ Wer schrieb das Drama »Wallenstein«?

a) G. Büchner
b) J. W. v. Goethe
c) F. Schiller
d) G. Lessing

⑮ Wer schrieb den Roman »Der Richter und sein Henker«?

a) F. Dürrenmatt b) G. Grass
c) H. Böll d) S. Zweig

⑯ Wer schrieb den Roman »Das Schloss«?

a) Th. Mann b) H. Hesse
c) S. Zweig d) F. Kafka

⑰ Welcher russische Schriftsteller schrieb den Roman »Krieg und Frieden«?

a) Dostojewski b) Pasternak
c) Tolstoi d) Gogol

⑱ In welche Epoche lässt sich Lessings »Nathan der Weise« einordnen?

a) Klassik b) Romantik
c) Realismus d) Aufklärung

⑲ Wer war ein bedeutender Komödiendichter des 17. Jahrhunderts?

a) Flaubert b) Balzac
c) Molière d) Zola

⑳ Welcher Roman Thomas Manns dreht sich um eine Lübecker Kaufmannsfamilie?

a) Der Zauberberg b) Buddenbrooks
c) Felix Krull d) Tonio Kröger

Lösung: Seite 202

Intelligenz- und Leistungstests

Dieser Trainingsteil enthält Tests aus dem Bereich der Intelligenz- und Leistungstests. Intelligenz basiert vor allem auf der Fähigkeit, Beziehungen zwischen Sachverhalten, Begriffen, Symbolen und Aussagen zu erkennen und daraus logische Schlussfolgerungen zu ziehen. Die folgenden Tests vermitteln Ihnen einen Überblick über die Aufgabentypen, die bei Intelligenz- und Leistungstests erfahrungsgemäß am häufigsten eingesetzt werden.

Logisches Denken/Abstraktionsfähigkeit

Unter logischem Denken versteht man das zutreffende Erkennen von Zusammenhängen und die Ableitung von schlüssigen Folgerungen.

Abstraktionsfähigkeit ist die Fähigkeit, vom Einzelfall auf das Allgemeine zu schließen und dabei allgemeine Regeln zu erkennen.

Reihen fortsetzen

Die drei vorgegebenen Figuren verändern sich nach bestimmten Regeln. Finden Sie jeweils die Regel heraus, und ergänzen Sie die vierte Figur so, dass sie die Reihe sinnvoll fortführt.

Beispiel

❶

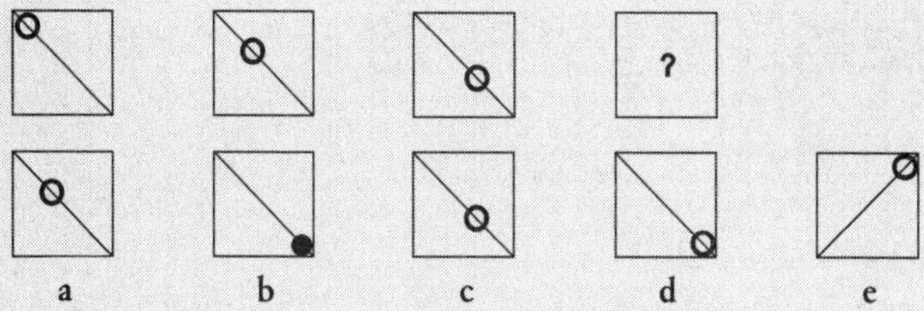

Beim ersten Beispiel ist die richtige Lösung Figur d, denn der Kreis wandert auf der Diagonalen immer tiefer.

Beispiel

❷

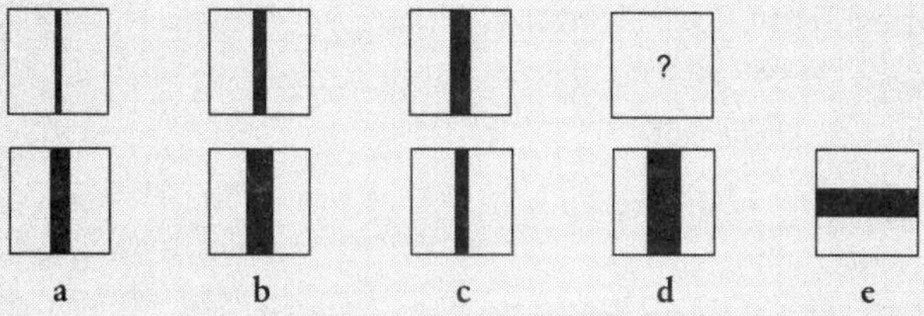

Beim zweiten Beispiel ist die Lösung Figur b, denn die senkrechte Linie wird immer dicker.

Die Bearbeitungszeit für die folgenden Aufgaben beträgt 5 Minuten.

❶

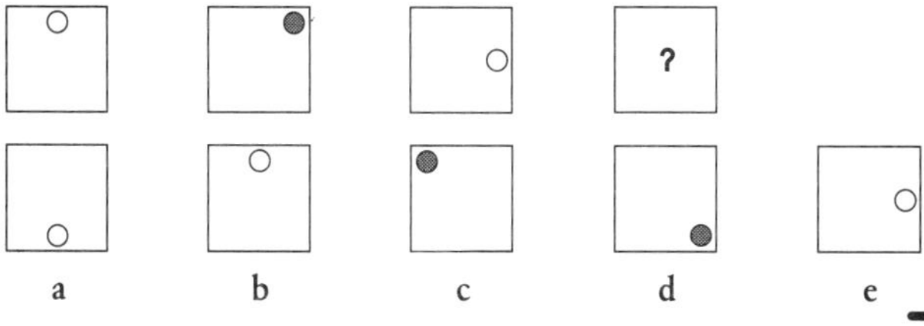

→

❷
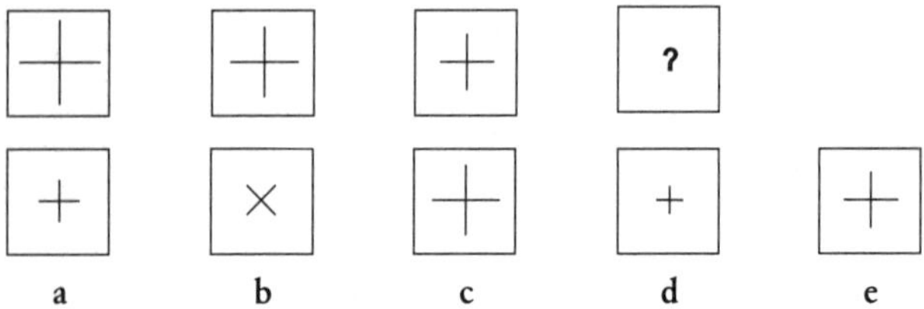

❸
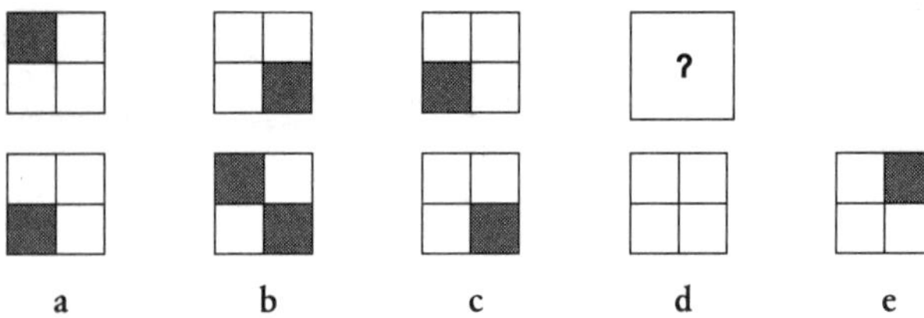

❹
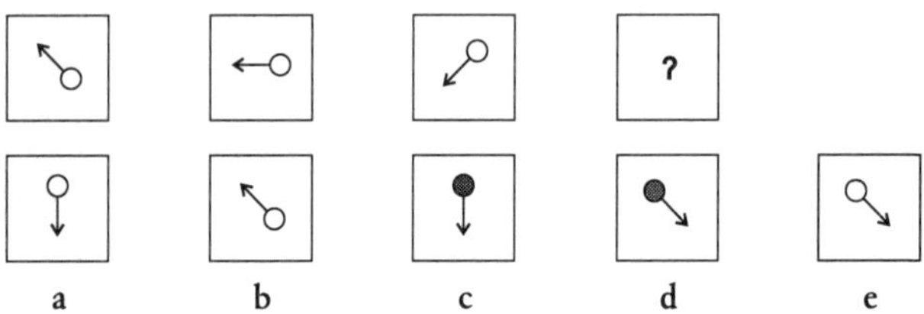

❺
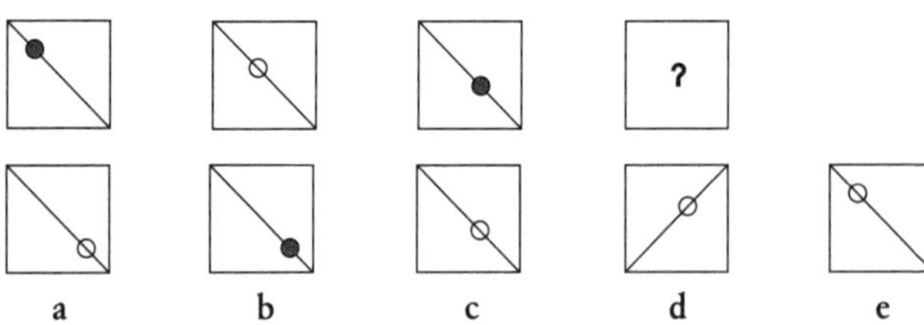

❻
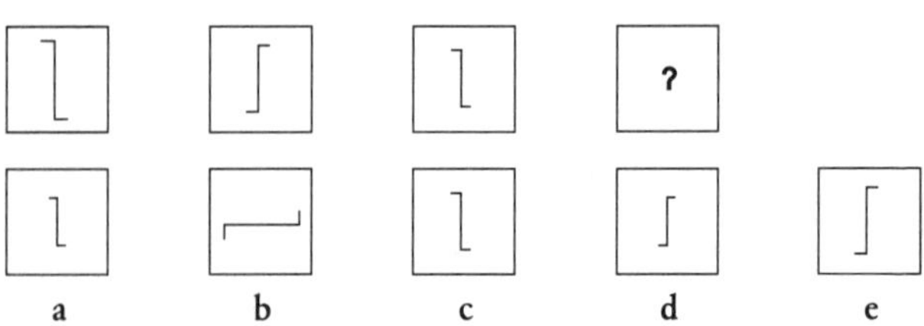

7
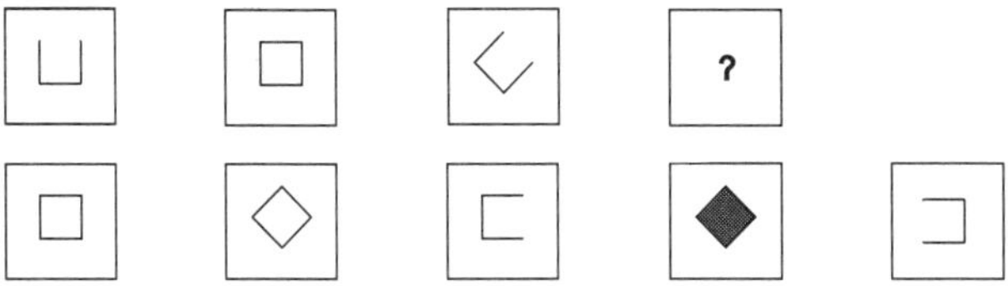

a b c d e

8
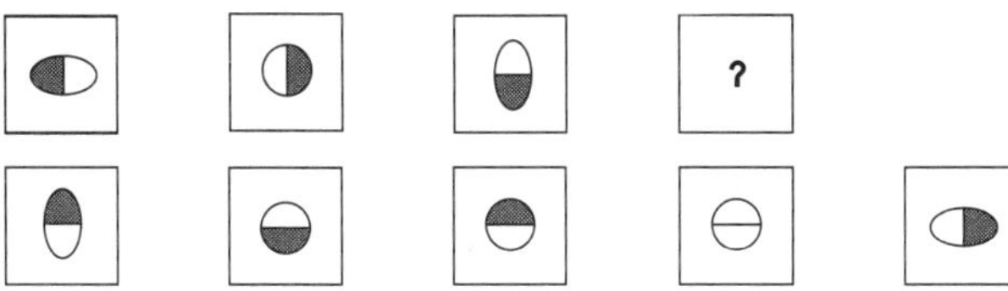

a b c d e

9
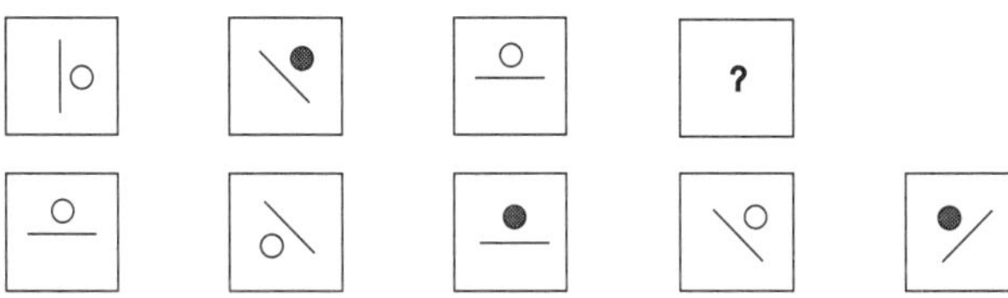

a b c d e

10

a b c d e

11
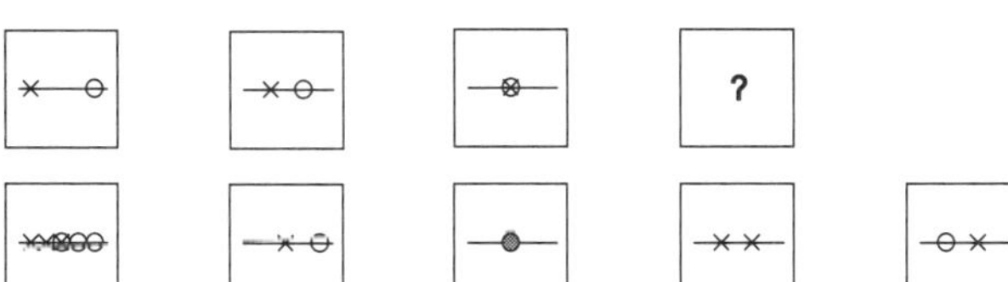

a b c d e

⓬
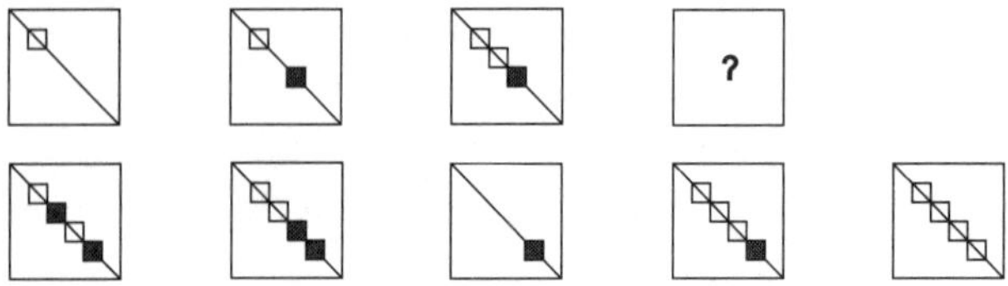
a b c d e

⓭
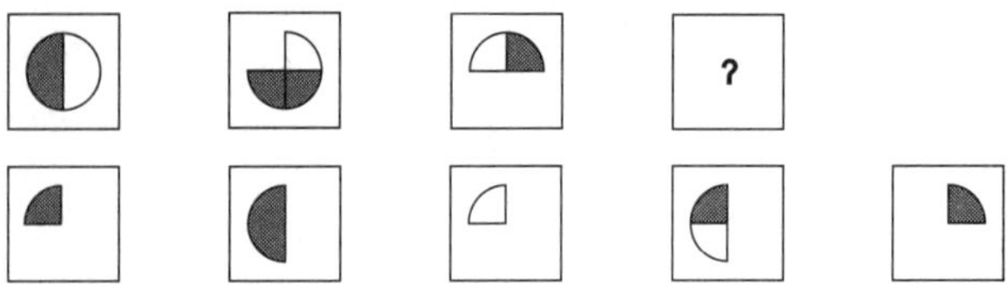
a b c d e

⓮
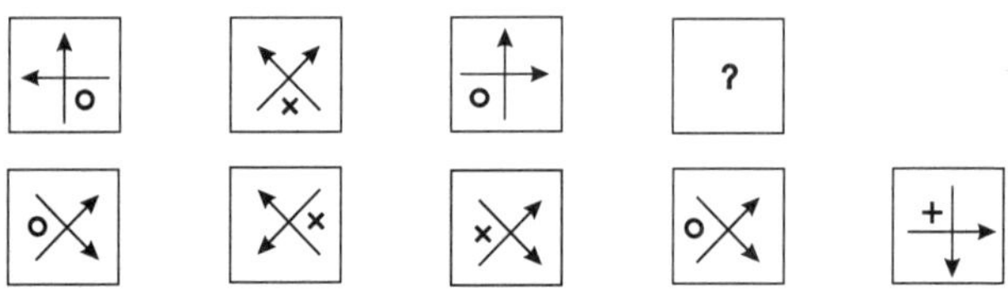
a b c d e

⓯
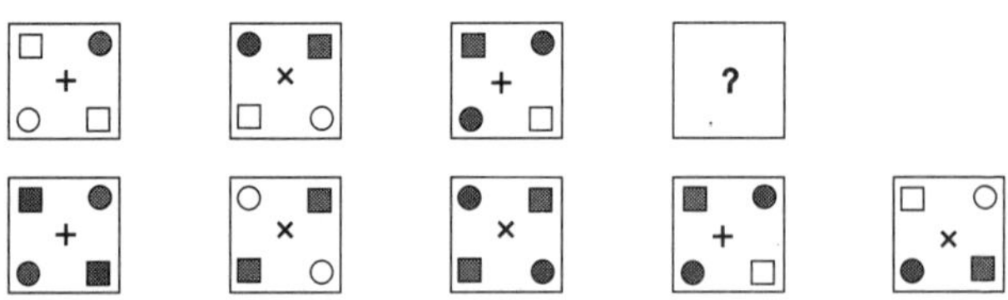
a b c d e

Lösung: Seite 203

Muster ergänzen

Drei Reihen mit geometrischen Figuren oder Mustern werden vorgegeben, die sich nach bestimmten Regeln verändern. Die letzte Figur in der dritten Reihe fehlt. Aus den Auswahlmustern ist das fehlende Muster zu ergänzen.

Beispiel

❶

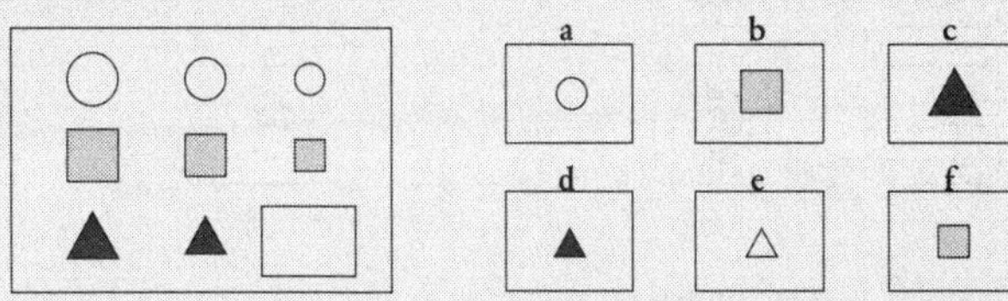

❷

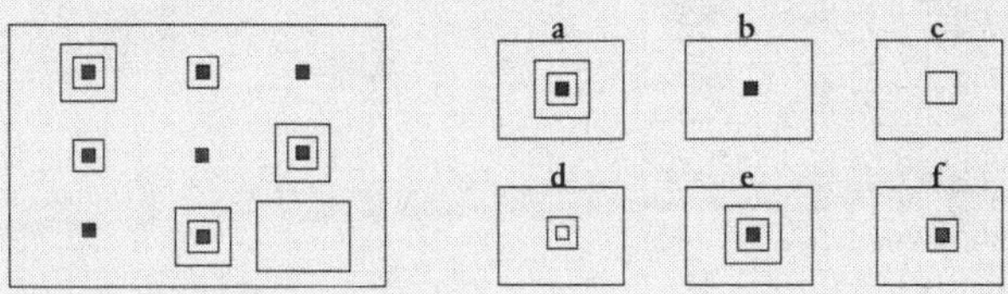

Beim ersten Beispiel ist Muster d richtig, beim zweiten Muster f.

Die Bearbeitungszeit für die folgenden Aufgaben beträgt 4 Minuten.

❶

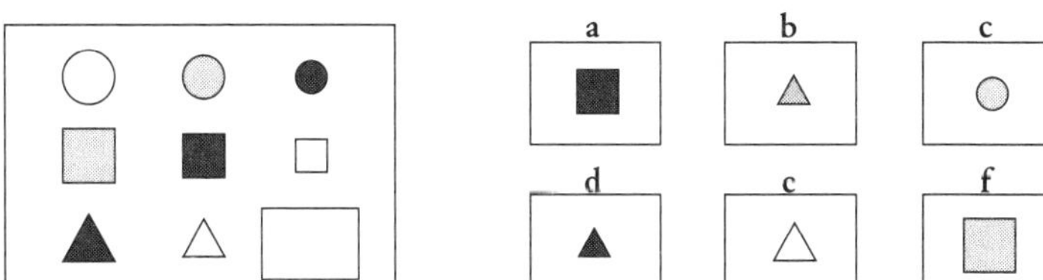

❷

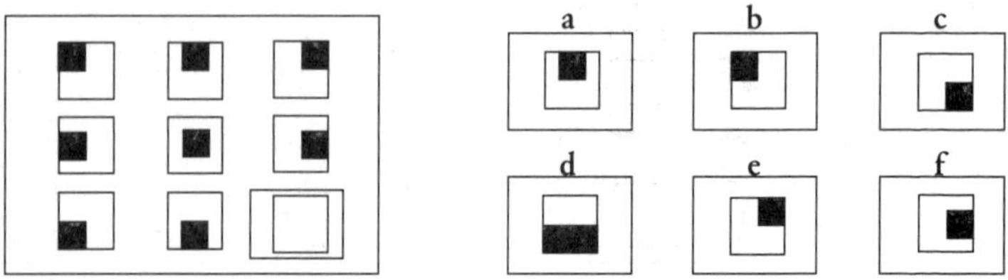

❸

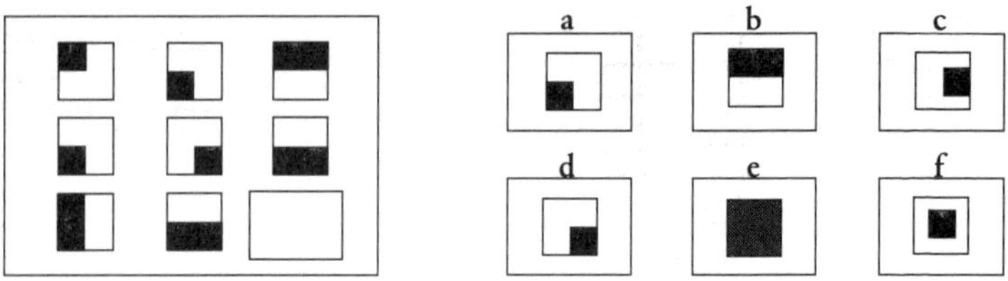

❹

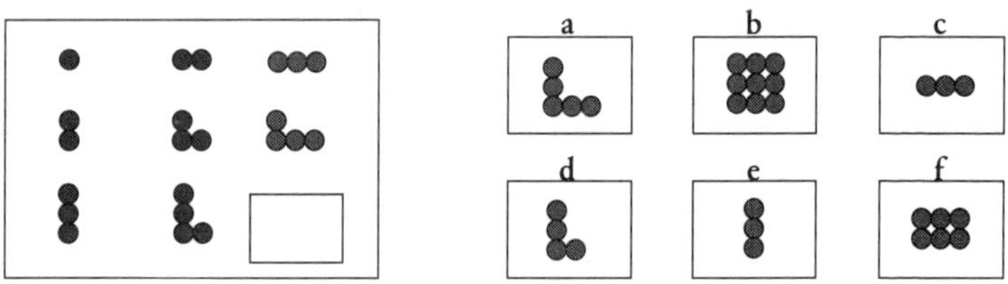

❺

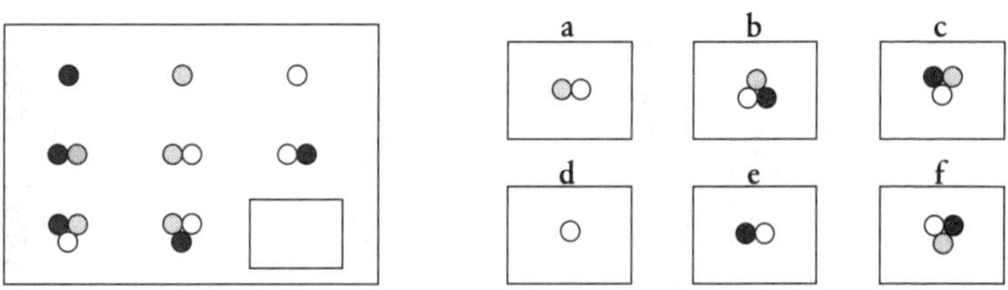

❻

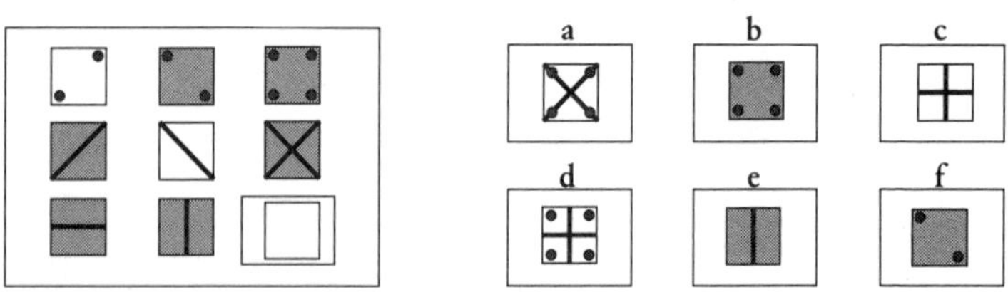

❼
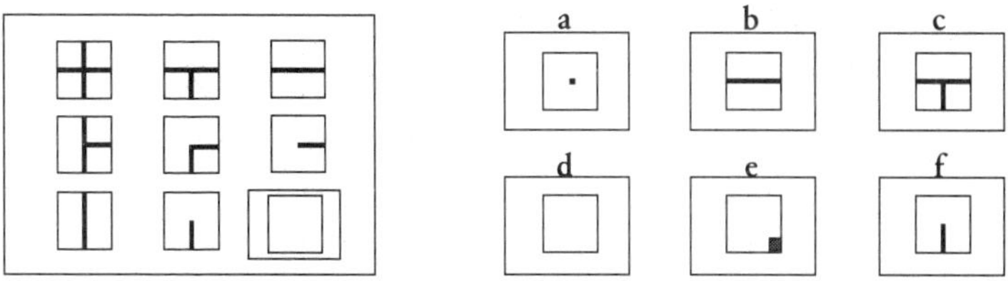

❽
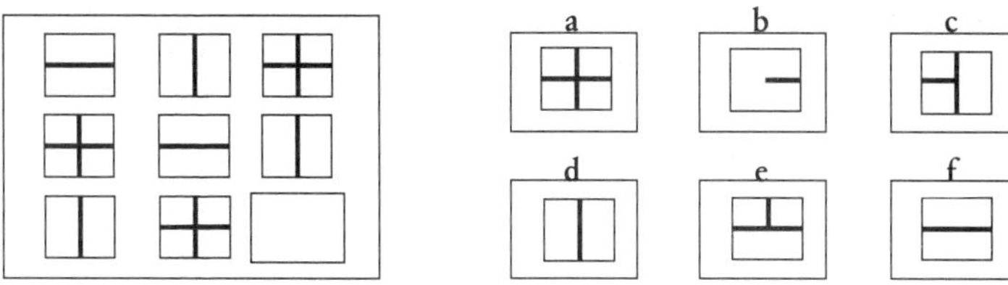

❾
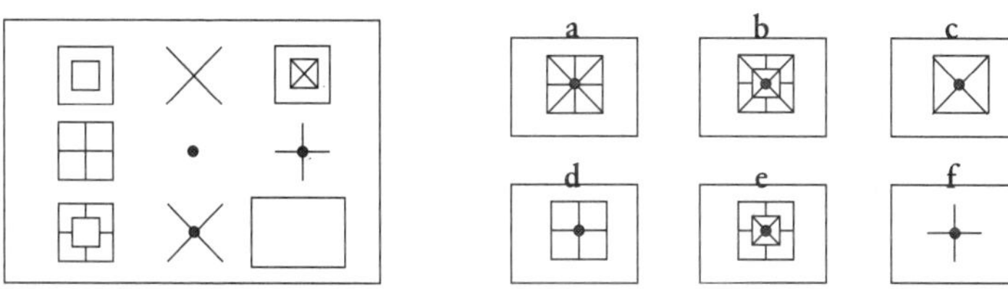

❿
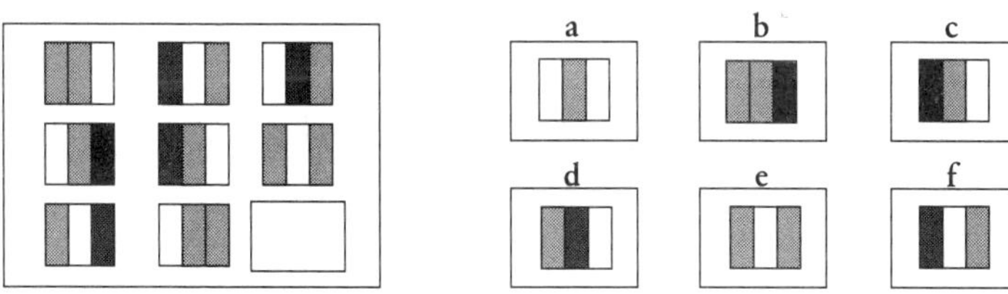

Lösung: Seite 203

Unterschiede erkennen

In einer Reihe mit fünf Figuren sind drei einander ähnlich, zwei passen nicht in die Reihe. Finden Sie jeweils die zwei Figuren heraus, die sich von den anderen unterscheiden.

Beispiel

❶ 

a b c d e

Lösung: a und c. Die Karos im ersten und dritten Kästchen sind schwarz, die anderen weiß.

❷ 

a b c d e

Lösung: b und e. Die Ts im zweiten und fünften Kästchen stehen auf dem Kopf.

Die Bearbeitungszeit für diese Aufgaben beträgt 4 Minuten.

❶ 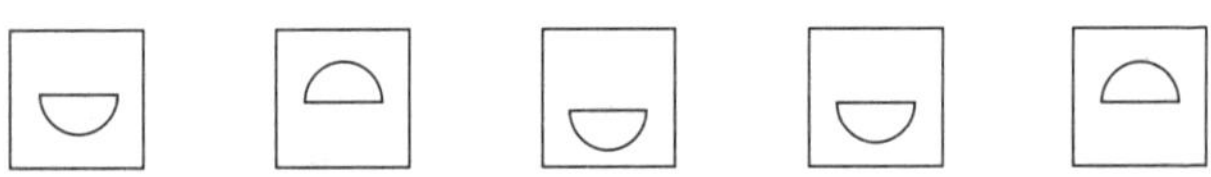

a b c d e

❷ 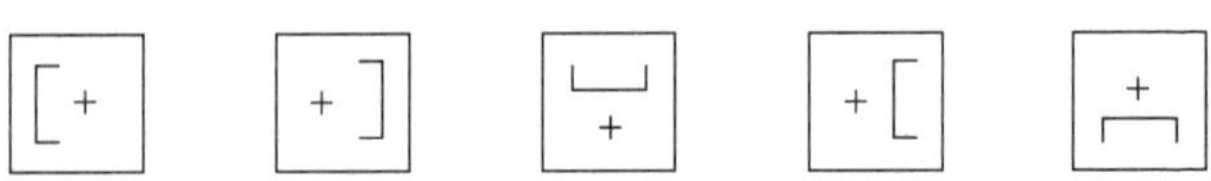

a b c d e

❸ 

a b c d e

❹ 

a b c d e

❺ 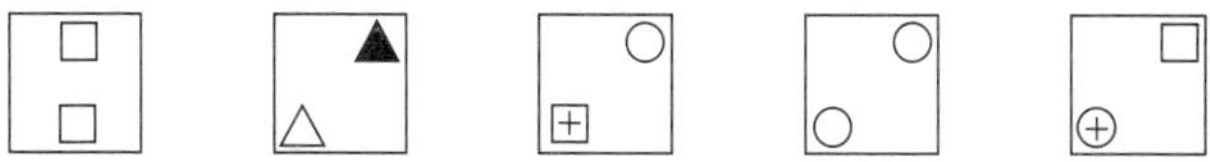

a b c d e

❻ 

a b c d e

❼ 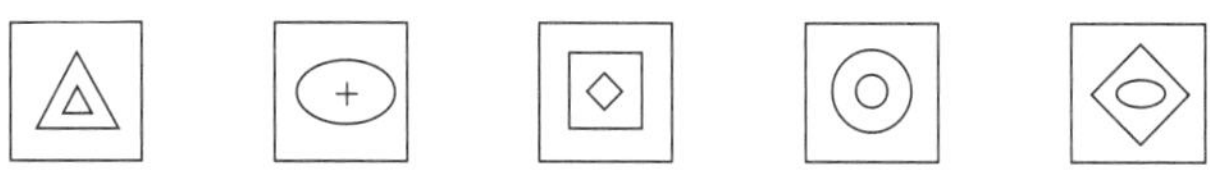

a b c d e

❽ 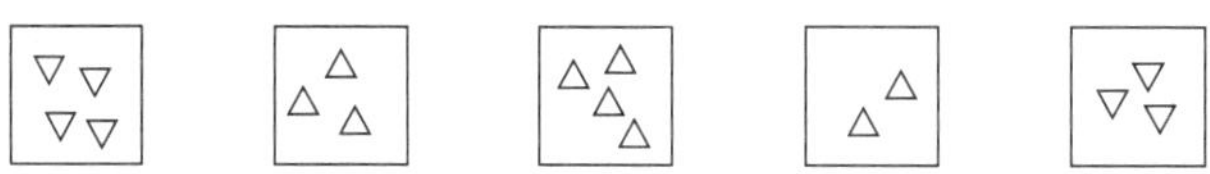

a b c d e

❾ 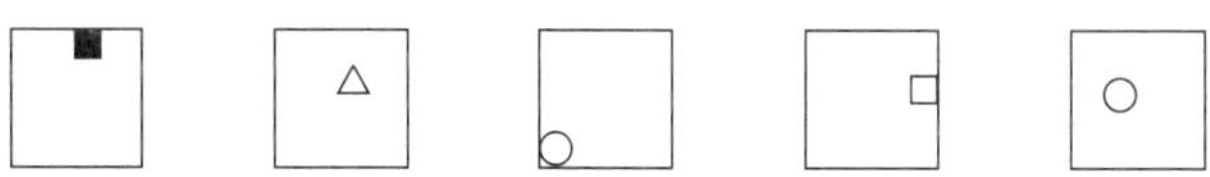

a b c d e

❿ 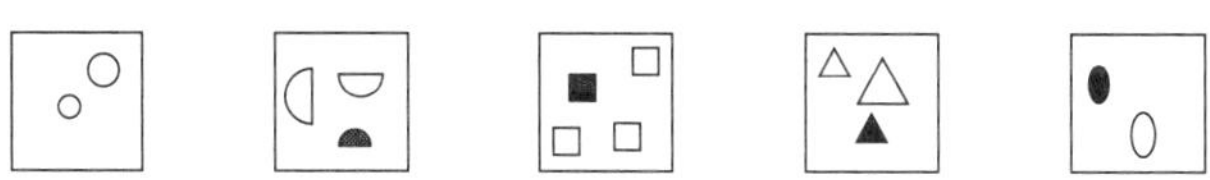

a b c d e

⓫ 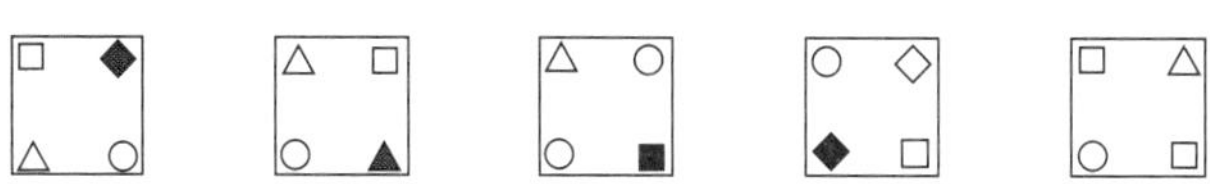

a b c d e

⓬ 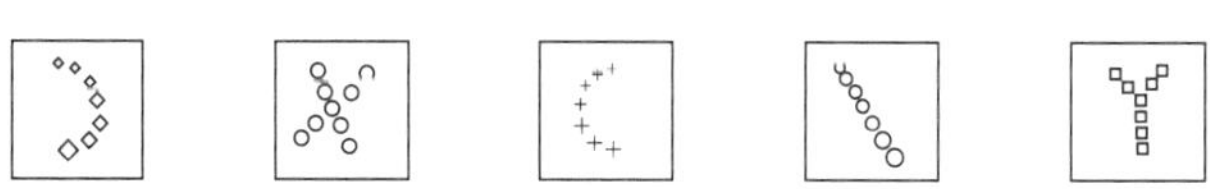

Lösung: Seite 204

Zahlenreihen fortsetzen

Vorgegeben sind Zahlenreihen, die einer bestimmten Regel folgen. Nach dieser lässt sich jede fortsetzen. Finden Sie jeweils die nächste Zahl, welche die Reihe richtig fortsetzt.

Beispiel

Zahlenreihe 1:	7	5	8	6	9	7	10	?
Regel:		−2	+3	−2	+3	−2	+3	

In dieser Zahlenreihe werden abwechselnd 2 abgezogen und 3 hinzugezählt. Die nächste Zahl wäre also 8.

Zahlenreihe 2:	2	4	8	10	20	22	44	?
Regel:		+2	· 2	+2	· 2	+2	· 2	

In dieser Zahlenreihe wird abwechselnd die Zahl 2 addiert und multipliziert. Die nächste Zahl wäre also 46.

Die Bearbeitungszeit für die folgenden Aufgaben beträgt 12 Minuten.

❶	3	6	4	8	6	12	10	__
❷	2	5	9	14	20	27	35	__
❸	3	2	4	3	6	5	9	__
❹	7	6	8	5	9	4	10	__
❺	6	4	8	5	15	11	44	__
❻	14	12	36	12	10	30	10	__
❼	11	12	14	11	15	20	14	__
❽	9	6	18	21	7	4	12	__

9	8	6	8	6	9	7	11	__
10	11	5	15	8	24	16	48	__
11	14	16	24	28	30	38	42	__
12	8	3	9	4	11	6	14	__
13	3	9	16	24	33	43	54	__
14	18	6	36	27	9	54	45	__
15	15	14	17	12	19	10	21	__
16	34	17	12	48	24	19	76	__
17	12	14	17	13	18	24	17	__
18	3	4	5	7	10	15	23	__
19	16	9	27	19	57	48	144	__
20	26	13	18	6	12	3	10	__

Lösung: Seite 204

Lösungstipp

Untersuchen Sie die Elemente der Zahlenreihe, und notieren Sie, durch welchen Rechenschritt man von einer Zahl zur nächsten gelangt. Gibt es mehrere Möglichkeiten, schreiben Sie diese übereinander. Sind Sie beim letzten Element angelangt, sehen Sie sich die Rechenschritte noch einmal an, um die Regel herauszufinden.

Buchstabenreihen ergänzen

Jede der folgenden Buchstabenreihen ist nach einer bestimmten Regel aufgebaut. Ihre Aufgabe ist es, die Reihe durch zwei weitere Buchstaben sinnvoll fortzusetzen. Dafür haben Sie fünf Lösungsmöglichkeiten zur Auswahl.

Beispiel

	a	b	c	d	e
A B C D E F	IK	KL	GK	GH	FG

Die Lösung ist d, da GH im Alphabet die nächsten Buchstaben sind.

	a	b	c	d	e
Z A Y B X C	DU	WD	DE	DW	VW

Die Lösung ist b, da in der Reihe das Alphabet abwechselnd rückwärts und vorwärts durchlaufen wird.

		a	b	c	d	e
❶	A Z B Y C X	YZ	DW	DU	UV	WD
❷	K A K B K C	DE	EK	KD	KK	DK
❸	D D E F F G H H I	JK	KL	IJ	KJ	JJ
❹	A C E G I K	LK	LM	LN	MO	MN
❺	A R B C R D E R	GF	FR	FG	EF	RF
❻	C D C D A B E F E F A B	CD	GH	AB	HG	EF
❼	C B A F E D I H G	JK	HI	KL	LK	IJ
❽	A B D E C D F G E F H I	HJ	GH	KJ	LK	HI
❾	E F G G F E H I J J I H	ML	LK	LM	KL	JK
❿	A B Z Y C D X W E F	VU	GH	TS	UW	VW
⓫	A B R S C D R S	DE	FE	RS	FG	EF
⓬	D E D E A B F G F G C D	HI	CD	FE	DE	EF
⓭	A B B A C D D C	BA	EF	CB	CD	FE

⓮ A D G J M P S	VY	UX	TU	WZ	VW
⓯ A Z C X E V G	HI	UI	TI	KT	IS
⓰ A D F I K N P S	UY	UX	XZ	UW	WY
⓱ Z A C B Y D F E X	FG	GW	GH	GI	EF
⓲ A N B O C P D Q E R F S	TG	GH	TU	HT	GT
⓳ A B Z Y C D X W E F U V	WX	HG	TS	GH	GS
⓴ B C D A F G H E J K L I	MO	NO	ON	OP	MP

Lösung: Seite 205

Analogien bilden

Drei Wörter werden vorgegeben. Zwischen dem ersten und dem zweiten Wort besteht eine gewisse Beziehung. Suchen Sie das Wort heraus, das zum dritten in einer ähnlichen Beziehung steht wie das zweite zum ersten.

Beispiel

❶ lang : kurz = dick : ?

a) schlank b) eng c) schmal d) dünn e) breit

Die richtige Lösung ist d). Hier wird das Gegenteil gesucht. Dünn verhält sich zu dick wie kurz zu lang.

❷ Wasser : Fisch = Luft : ?

a) fliegen b) Flugzeug c) Vogel d) Himmel e) Wolke

Die richtige Lösung ist c). Ein Fisch befindet sich im Wasser, ein Vogel in der Luft.

Die Bearbeitungszeit für diese Aufgaben beträgt 7 Minuten.

❶ **Obst : Apfel = Getreide : ?**

a) Birne b) Gemüse c) Nahrung
d) Weizen e) Halm

➜

❷ **Junge : Mann = Mädchen : ?**

a) Mutter　b) Dame　c) Frau
d) Vater　e) Tochter

❸ **Auto : Flugzeug = fahren : ?**

a) fliegen　b) schwimmen　c) laufen
d) Himmel　e) Fahrrad

❹ **Traube : Wein = Mehl : ?**

a) Getreide　b) Ofen　c) Teig
d) Bäcker　e) rühren

❺ **Spaten : graben = Messer : ?**

a) scharf　b) schneiden　c) spitz
d) stechen　e) Gabel

❻ **oft : manchmal = viel : ?**

a) nichts　b) wenig　c) mehr
d) keiner　e) niemand

❼ **Füller : Tinte = Auto : ?**

a) Verkehr　b) Motor　c) Straße
d) Benzin　e) Räder

❽ **finden : verlieren = erinnern : ?**

a) behalten　b) vergessen　c) nachdenken
d) verschweigen　e) träumen

9 Kohle : Halde = Getreide : ?

a) Mehl b) Brot c) Bäcker
d) Mühle e) Silo

10 riesig : groß = Berg : ?

a) Gipfel b) Tal c) Abhang
d) Hügel e) Ebene

11 messen : schätzen = wissen : ?

a) hoffen b) vermuten c) raten
d) prüfen e) behaupten

12 Gebirge : Pass = Fluss : ?

a) Furt b) Brücke c) Steg
d) Fähre e) Boot

13 Kreis : Quadrat = Kugel : ?

a) Würfel b) Rechteck c) Zylinder
d) Quader e) Säule

14 Körper : Stoffwechsel = Motor : ?

a) Kraft b) Zylinder c) Verbrennung
d) Benzin e) Bewegung

15 Leistung : Erfolg = Verbrechen : ?

a) Strafe b) Urteil c) Richter
d) Verbrecher e) Gesetz

➜

⑯ erwerben : besitzen = üben : ?

a) wissen b) wiederholen c) beherrschen
d) trainieren e) verstehen

⑰ Wind : Sturm = klagen : ?

a) bedauern b) leiden c) jammern
d) trauern e) weinen

⑱ Buchstabe : Ziffer = Wort : ?

a) Wert b) Rechnung c) Summe
d) Satz e) Zahl

⑲ Verlust : Niederlage = Gewinn : ?

a) Leistung b) Lob c) Preis
d) Sieg e) Wettkampf

⑳ Melodie : Ton = Gemälde : ?

a) Farbe b) Maler c) Pinsel
d) Kunstwerk e) Malkasten

Lösung: Seite 205

Lösungstipp

Bei den Wortanalogien müssen die Wortpaare links und rechts des Gleichheitszeichens in einer ähnlichen Beziehung zueinander stehen. Untersuchen Sie also zuerst das Wortpaar links des Gleichheitszeichens, und versuchen Sie, die bestehende Beziehung zwischen beiden Wörtern sprachlich auszudrücken bzw. in Worte zu fassen.

Beispiel:
kurz : lang = hell : dunkel
Die Beziehung zwischen dem ersten und zweiten Wort heißt: *»ist das Gegenteil von«*. Also wird auch für das zweite Wortpaar das Gegenteil gesucht, in diesem Fall *»dunkel«*.
In manchen Fällen ergibt sich die Lösung, wenn Sie eine Beziehung zwischen dem ersten und dem dritten Wort herstellen. Dann ist ein Wort zu finden, das zum zweiten in einer ähnlichen Beziehung steht.

Beispiel:
Brot : Wein = Getreide : Trauben
Brot wird hergestellt aus Getreide. Wein wird hergestellt aus Trauben.
Die Beziehungen zwischen den Wörtern bei Wortanalogien lassen sich meistens auf wenige Grundformen zurückführen.
Häufig verwendete Beziehungen sind:
ist das Gegenteil von
bedeutet das Gleiche wie
besteht aus
wird hergestellt aus
ist ein Teil von
ist Ursache von/tritt zusammen auf mit
wird benutzt von
ist Maßeinheit für
ist Steigerung von/ist größer als
befindet sich in/an

Gemeinsamkeiten finden

Sechs Wörter werden vorgegeben. Ihre Aufgabe ist es, zwei Wörter herauszufinden, für die es einen gemeinsamen Oberbegriff gibt.

Beispiel

❶ a) Löffel b) Schere c) Teller
d) Gabel e) Essen f) Kochtopf

Die richtige Lösung ist a) und d). Löffel und Gabel haben den gemeinsamen Oberbegriff »Besteck«.

❷ a) Gold b) Eisen c) Schmuck
d) Silber e) Uhr f) Radio

Die richtige Lösung ist a) und d). Gold und Silber haben den gemeinsamen Oberbegriff »Edelmetalle«.

Sie sollen also immer die wesentlichsten Gemeinsamkeiten finden.

Die Bearbeitungszeit für die folgenden Aufgaben beträgt 8 Minuten.

❶ a) Strauch b) Baum c) Wald
d) Eiche e) Laub f) Tanne

❷ a) Gefahr b) Hunger c) Angst
d) Krankheit e) Durst f) Elend

❸ a) Sympathie b) Fantasie c) Mitleid
d) Anziehung e) Antipathie f) Liebe

❹ a) fühlen b) trinken c) probieren
d) genießen e) schmecken f) essen

❺ a) Zeitung b) Telefon c) Radio
d) Telegramm e) Fernseher f) Video

❻ a) Schalter b) Strom c) Kabel
d) Motor e) Hahn f) Sicherung

❼ a) aufmerksam b) neugierig c) klug
d) interessiert e) vorlaut f) gescheit

❽ a) Punkt b) Zeichen c) Komma
d) Satz e) Buchstabe f) Wort

❾ a) warm b) weich c) fest
d) biegsam e) elektrisch f) gasförmig

❿ a) Tee b) Glas c) Café
d) Milch e) Kuh f) Rechnung

⓫ a) Handball b) Segeln c) Reiten
d) Rudern e) Ringen f) Turnen

⓬ a) Aktie b) Scheck c) Zahlkarte
d) Sparbuch e) Quittung f) Anleihe

⓭ a) Entfernung b) Kilometer c) Temperatur
d) Kilogramm e) Zollstock f) Tacho

⓮ a) Wurst b) Eier c) Jogurt
d) Brot e) Milch f) Kartoffeln

⓯ a) Fuß b) Gesicht c) Ohr
d) Auge e) Haare f) Herz

⓰ a) hobeln b) bohren c) schleifen
d) schrauben e) sägen f) schweißen

⓱ a) Fotoapparat b) Brille c) Linse
d) Glas e) Fernglas f) Foto

⓲ a) Physik b) Geschichte c) Philosophie
d) Chemie e) Politik f) Kunst

⓳ a) Straßenbahn b) Eilzug c) Lokomotive
d) Reise e) Gleis f) Bahnhof

Lösung: Seite 205

Sprachbeherrschung/Verbale Intelligenz

Bei den folgenden Tests steht Ihre Sprachbeherrschung im Vordergrund. Es geht um Ihr Wortverständnis und das Erfassen von Bedeutungen, aber auch Ihr Urteilsvermögen wird geprüft.

Buchstaben ordnen

Bei dieser Aufgabe sind die Buchstaben durcheinander gewürfelt. Wenn die fünf Buchstaben in die richtige Reihenfolge gebracht werden, ergeben sie ein sinnvolles Wort. Ihre Aufgabe ist es, den Anfangsbuchstaben durchzustreichen, mit dem man aus der Buchstabenfolge ein sinnvolles Wort bilden kann. Es handelt sich um Hauptwörter in der Einzahl.

Beispiel

❶ GOVEL
Hier müssen Sie das V durchstreichen, weil es der Anfangsbuchstabe von VOGEL ist.

❷ SAUPE
Hier müssen Sie das P durchstreichen, weil es der Anfangsbuchstabe von PAUSE ist.

Die Bearbeitungszeit für die folgenden Aufgaben beträgt 5 Minuten.

❶ KUMSI	❷ OBEND	❸ CHLIM
❹ NIBRE	❺ SHIFC	❻ STANG
❼ DFPER	❽ AHSTL	❾ PUPSE

⑩ IFLEH
⑪ TIESE
⑫ ATTBL
⑬ DOIRA
⑭ PALEF
⑮ TITFS
⑯ TMOAN
⑰ MTURS
⑱ ZITEH
⑲ TIKES
⑳ RPSOT
㉑ UCHSH
㉒ PUTLE
㉓ IELSP
㉔ TARTS
㉕ GEREL
㉖ LELEW
㉗ EKCAR
㉘ ANCHT
㉙ SNIET
㉚ LAKAN
㉛ SATES
㉜ IEERN
㉝ LTICH
㉞ STFRO
㉟ AZTKE
㊱ AUMER
㊲ ONKOT
㊳ CKEDE
㊴ ORSTM
㊵ TULHS
㊶ FIERB
㊷ REISP
㊸ RUZST
㊹ NESON
㊺ STAUF
㊻ NABED
㊼ TEFIE
㊽ GALEN
㊾ OLKCB
㊿ OTMOR

Lösung: Seite 206

Lösungstipp

Lesen Sie die Kombination zunächst *rückwärts*. Tauschen Sie Buchstaben aus. Hat die Buchstabengruppe nur einen Vokal, steht er üblicherweise an zweiter oder dritter Stelle.
Hier ist es wichtig, sich nicht an einer Buchstabengruppe festzubeißen, wenn Sie die Lösung nicht finden. Das kostet wertvolle Zeit. Alle Aufgaben können Sie sowieso nicht schaffen. Lösen Sie zunächst die Aufgaben, die Ihnen leichter fallen, denn es zählt nur die Anzahl der richtig erkannten Wörter.

Gleiche Wortbedeutung

Suchen Sie das Wort heraus, das dem vorgegebenen Wort am nächsten kommt.

Beispiel

❶ Misstrauen

a) Neid b) Hinterlist c) Falschheit
d) Ahnung e) Argwohn

❷ perfekt

a) ähnlich b) gut c) vollkommen
d) ausgezeichnet e) übertrieben

Beim ersten Beispiel ist die Lösung e), beim zweiten c).

Die Bearbeitungszeit beträgt 6 Minuten.

❶ Experiment

a) Experte b) Versuch c) Wissenschaft
d) Untersuchung e) Beweis

❷ zierlich

a) zerbrechlich b) klein c) winzig
d) zartgliedrig e) schmal

❸ Vorwand

a) Vorbehalt b) Scheingrund c) Notlüge
d) Entschuldigung e) Vorkehrung

❹ Konflikt

a) Zwangslage b) Trennung c) Spaltung
d) Widerstreit e) Problem

❺ tatsächlich

a) wirklich	b) vorhanden	c) wichtig
d) bestimmt	e) sicher	

❻ analysieren

a) bestimmen	b) beschreiben	c) untersuchen
d) diskutieren	e) erklären	

❼ unterwürfig

a) bescheiden	b) unwürdig	c) schmeichlerisch
d) willenlos	e) kriecherisch	

❽ Gleichmut

a) Gelassenheit	b) Nachgiebigkeit	c) Heiterkeit
d) Beruhigung	e) Toleranz	

❾ diskret

a) zurückhaltend	b) schweigsam	c) still
d) verschwiegen	e) ruhig	

❿ logisch

a) klar	b) verständlich	c) einleuchtend
d) wahr	e) folgerichtig	

⓫ gescheit

a) vorlaut	b) klug	c) interessiert
d) gerissen	e) neugierig	

⓬ These

a) Feststellung	b) Beweis	c) Behauptung
d) Argument	e) Ergebnis	

➜

⓭ publizieren
a) entwickeln b) vortragen c) versteigern
d) veröffentlichen e) vorlesen

⓮ absurd
a) falsch b) ungeschickt c) widersinnig
d) unbedingt e) nichtig

⓯ unerlässlich
a) zwingend b) unwiderruflich c) uneingeschränkt
d) notwendig e) wichtig

⓰ gefügig
a) gutwillig b) bereitwillig c) nachgiebig
d) willfährig e) gutmütig

⓱ autonom
a) selbstbewusst b) automatisch c) selbstständig
d) selbstherrlich e) getrennt

⓲ vereiteln
a) verweigern b) verraten c) behindern
d) hintertreiben e) verleugnen

⓳ kolossal
a) überzeugend b) erdrückend c) außergewöhnlich
d) außerordentlich e) gewaltig

⓴ ausmerzen
a) ausreißen b) zerstören c) vernichten
d) verderben e) ausrotten

Lösung: Seite 207

Wortauswahl

Von fünf vorgegebenen Wörtern sind vier einander ähnlich. Finden Sie das fünfte Wort heraus, das sich von den anderen deutlich unterscheidet.

Beispiel

❶ a) rennen b) hüpfen c) springen d) stehen e) laufen

Die Lösung ist d). Bei a), b), c) und e) befindet man sich in Bewegung, bei d) in Ruhe.

❷ a) Weizen b) Hafer c) Wolle d) Gerste e) Roggen

Die Lösung ist c). Bei a), b), d) und e) handelt es sich um Getreidearten, bei c) nicht.

Die Bearbeitungszeit für die folgenden Aufgaben beträgt 6 Minuten.

❶ a) Auto b) Fahrrad c) Motor d) Flugzeug e) Bus

❷ a) Tisch b) Schrank c) Sessel d) Stuhl e) Kühlschrank

❸ a) Baumwolle b) Leinen c) Hanf d) Nylon e) Seide

❹ a) Flöte b) Trompete c) Saxophon d) Gitarre e) Klarinette

❺ a) Ärger b) Freude c) Trauer d) Angst e) Gefahr

➜

❻ a) abgeben	b) wegwerfen	c) holen
d) schleudern	e) ausschütten	
❼ a) Fernglas	b) Glas	c) Brille
d) Lupe	e) Mikroskop	
❽ a) zukünftig	b) bald	c) nun
d) demnächst	e) morgen	
❾ a) Anzeige	b) Kurs	c) Hinweisschild
d) Kompass	e) Geschwindigkeitsmesser	
❿ a) Patient	b) Klient	c) Kunde
d) Mandant	e) Besucher	
⓫ a) abgehobelt	b) poliert	c) geschliffen
d) gestanzt	e) gewalzt	
⓬ a) Leiter	b) Fallschirm	c) Treppe
d) Aufzug	e) Flugzeug	
⓭ a) verschieben	b) verkleinern	c) verbiegen
d) dehnen	e) verformen	
⓮ a) typisch	b) kennzeichnend	c) besonders
d) wichtig	e) charakteristisch	
⓯ a) Räuber	b) Mörder	c) Dieb
d) Gefangener	e) Einbrecher	

⑯ a) Gespräch b) Diskussion c) Vortrag
d) Aussprache e) Konferenz

⑰ a) Konstruktion b) Renovierung c) Korrektur
d) Reparatur e) Kontrolle

⑱ a) bewerten b) einstufen c) beurteilen
d) einschätzen e) abwerten

⑲ a) Kupfer b) Zink c) Platin
d) Aluminium e) Nickel

⑳ a) Klugheit b) Neugierde c) Wissbegierde
d) Interesse e) Aufmerksamkeit

Lösung: Seite 207

Satzergänzung

Bei den folgenden Sätzen fehlt jeweils ein Wort. Wählen Sie unter den angegebenen Wörtern das aus, welches den Satz inhaltlich richtig vervollständigt.

Beispiel

❶ Das Gegenteil von Liebe ist…
a) Verrat b) Scheidung c) Eifersucht
d) Hass e) Treue
Lösung: d) Hass

❷ Ein Hund hat immer…
a) Flöhe b) einen Schwanz c) eine Hütte
d) ein Herrchen e) Hunger
Lösung: b) einen Schwanz

Die Bearbeitungszeit für die folgenden Aufgaben beträgt 4 Minuten.

❶ **Das Gegenteil von heiß ist**

a) kühl　b) frisch　c) lauwarm
d) eisig　e) kalt

❷ **Gas ist immer ... als Wasser**

a) leichter　b) sauberer　c) klarer
d) wärmer　e) giftiger

❸ **Jedes Haus hat (ein/e/en) ...**

a) Treppe　b) Eingang　c) Keller
d) Flur　e) Fenster

❹ **Das Gegenteil von immer ist ...**

a) oft　b) selten　c) manchmal
d) nie　e) meist

❺ **Der menschliche Körper braucht am dringendsten ...**

a) Schlaf　b) Bewegung　c) Sonne
d) Flüssigkeit　e) Nahrung

❻ **Das Gegenteil von mutig ist ...**

a) schüchtern　b) vorsichtig　c) feige
d) zögerlich　e) unsicher

❼ **Eine Prüfung kann man nicht ohne ... durchführen.**

a) Prüfer　b) Fragen　c) Wissen
d) Fähigkeiten　e) Programm

8 Ein Bild hat immer (eine/n) ...

a) Rahmen b) Wert c) Vorderseite
d) Farben e) Signatur

9 Zum Arbeiten braucht man (eine/n) ...

a) Wissen b) Vorgesetzte c) Werkzeug
d) Ehrgeiz e) Aufgaben

10 Zum Schreiben braucht man immer (ein/e/en) ...

a) Tinte b) Papier c) Kugelschreiber
d) Schreibgerät e) Schreibtisch

11 Wenn man andere Menschen kennen lernt, sollte man ... sein.

a) gewandt b) zurückhaltend c) aufgeschlossen
d) vorsichtig e) misstrauisch

12 Propaganda ist eine besondere Art von ...

a) Kunst b) Rede c) Meinungsforschung
d) Werbung e) Überzeugung

13 Das menschliche Verhalten wird von der ... untersucht

a) Soziologie b) Psychologie c) Pädagogik
d) Philosophie e) Biologie

14 Im Straßenverkehr kommt es vor allem darauf an, dass man ... ist.

a) vorsichtig b) belastbar c) aufmerksam
d) geschickt e) geduldig

➜

⓯ Zu einem Fußballspiel gehört immer...

a) ein Trainer b) ein Verteidiger c) ein Schiedsrichter
d) ein Tor e) ein Torwart

⓰ Entscheidend ist beim Fernsehgerät der/die ...

a) Antenne b) Bildröhre c) Netzschalter
d) Fernbedienung e) Lautstärkeregler

Lösung: Seite 208

Sinnverwandte Sprichwörter

Bei dieser Aufgabe müssen Sie Zusammenhänge in der inhaltlichen Aussage von Sprichwörtern erkennen. Finden Sie zu einem vorgegebenen Sprichwort ein zweites, das ungefähr den gleichen Sinn hat wie das erste.

Beispiel

❶ Steter Tropfen höhlt den Stein

a) Kleinvieh macht auch Mist
b) Wo ein Wille ist, da ist auch ein Weg
c) Was lange währt, wird endlich gut
d) Kommt Zeit, kommt Rat
e) Ende gut, alles gut
Lösung: c)

❷ Gleich und gleich gesellt sich gern

a) Gegensätze ziehen sich an
b) Man muss mit den Wölfen heulen
c) Jeder Topf findet seinen Deckel
d) Eine Krähe hackt der anderen kein Auge aus
e) Wes Brot ich ess, des Lied ich sing
Lösung: d)

Die Bearbeitungszeit für die folgenden Aufgaben beträgt 9 Minuten.

❶ Was Hänschen nicht lernt, lernt Hans nimmermehr

a) Alter schützt vor Torheit nicht
b) Ein alter Esel lernt nicht um
c) Jahre lehren mehr als Bücher
d) Frisch gewagt ist halb gewonnen
e) Lieber zu früh als zu spät

❷ Der Schein trügt

a) Hüte dich vor dem Wolf im Schafspelz
b) Hochmut kommt vor dem Fall
c) Kleider machen Leute
d) Es ist nicht alles Gold, was glänzt
e) Wer einmal lügt, dem glaubt man nicht

❸ Jeder kehre vor seiner Tür

a) Wer andern eine Grube gräbt, fällt selbst hinein
b) Wer im Glashaus sitzt, soll nicht mit Steinen werfen
c) Der Lauscher an der Wand hört seine eigene Schand
d) Kein Mensch ist ohne Aber
e) Reden ist Silber, Schweigen ist Gold

❹ Wer A sagt, muss auch B sagen

a) Gleich und gleich gesellt sich gern
b) Wer leben will, muss sterben
c) Wie man den Acker bestellt, so trägt er
d) Mitgefangen, mitgehangen
e) Kein Feuer ohne Rauch

➜

❺ Es ist noch kein Meister vom Himmel gefallen

a) Wer will, was er kann, fängt nicht vergeblich an
b) Früh übt sich, was ein Meister werden will
c) Aller Anfang ist schwer
d) Was man nicht gern tut, soll man zuerst tun
e) Lehrjahre sind keine Herrenjahre

❻ Wer zuerst kommt, mahlt zuerst

a) Der frühe Vogel fängt den Wurm
b) Aller Anfang ist schwer
c) Frisch gewagt ist halb gewonnen
d) Was du heute kannst besorgen, das verschiebe nicht auf morgen
e) Erst der Schweiß, dann der Preis

❼ Glück und Glas, wie leicht bricht das

a) Auf Regen folgt Sonnenschein
b) Wie gewonnen, so zerronnen
c) Jeder ist seines Glückes Schmied
d) Schönheit vergeht, Tugend besteht
e) Reichtum und Pracht währt oft nicht länger denn über Nacht

❽ Gut Ding will Weile haben

a) Aller Anfang ist schwer
b) Kommt Zeit, kommt Rat
c) Ende gut, alles gut
d) Rom ist nicht an einem Tag erbaut worden
e) Gemächlich kommt auch weit

❾ Man muss das Eisen schmieden, solange es heiß ist

a) Was du heute kannst besorgen,
das verschiebe nicht auf morgen
b) Man muss die Gelegenheit beim Schopfe packen
c) Jeder ist seines Glückes Schmied
d) Besser zu früh als zu spät
e) Erst der Schweiß, dann der Preis

❿ Wie man sich bettet, so liegt man

a) Wer wagt, gewinnt
b) Wie man in den Wald hineinruft, so schallt es zurück
c) Wie du mir, so ich dir
d) Wie man den Acker bestellt, so trägt er
e) Wer A sagt, muss auch B sagen

⓫ Die dümmsten Bauern haben die dicksten Kartoffeln

a) Jeder ist seines Glückes Schmied
b) Unverhofft kommt oft
c) Unkraut vergeht nicht
d) Wer sacht fährt, kommt auch an
e) Die Dummen haben das meiste Glück

⓬ Ohne Fleiß kein Preis

a) Wo ein Wille ist, da ist auch ein Weg
b) Wer gut gesattelt hat, reitet gut
c) Frisch gewagt ist halb gewonnen
d) Vor den Erfolg haben die Götter den Schweiß gesetzt
e) Man soll den Tag nicht vor dem Abend loben

➜

⓭ Früh übt sich, was ein Meister werden will

a) Was Hänschen nicht lernt, lernt Hans nimmermehr
b) Es ist noch kein Meister vom Himmel gefallen
c) Was muss, das muss
d) Alte Zweige lassen sich nicht biegen
e) Was ein Häkchen werden will, krümmt sich beizeiten

⓮ Ein blindes Huhn findet auch mal ein Korn

a) Unverhofft kommt oft
b) Das Glück ist mit den Dummen
c) Durch Zufall kann ein Krüppel einen Hasen fangen
d) Der Einäugige ist unter den Blinden König
e) Man muss die Gelegenheit beim Schopfe packen

⓯ Ein Baum fällt nicht vom ersten Hieb

a) Eine Schwalbe macht noch keinen Sommer
b) Ende gut, alles gut
c) Aller Anfang ist schwer
d) Man soll den Tag nicht vor dem Abend loben
e) Eile mit Weile

⓰ Kleider machen Leute

a) Die Kutte macht nicht den Mönch
b) Wo mit dem Taler gewunken wird, öffnen sich alle Türen
c) Wie du kommst gegangen, so wirst du empfangen
d) Reiche Leute sind überall daheim
e) Es ist nicht alles Gold, was glänzt

Lösung: Seite 208

Merkfähigkeit/Kurzzeitgedächtnis

Bei vielen Einstellungstests wird auch Ihr Kurzzeitgedächtnis geprüft. Hier müssen Sie zeigen, dass Sie kurzfristig Begriffe abrufbereit speichern können. Ein Beispiel ist der folgende Test.

Merkaufgaben

Bei der nächsten Aufgabe haben Sie 3 Minuten Zeit, die folgenden Wörter auswendig zu lernen. Anschließend werden Ihnen Fragen zu den gelernten Wörtern gestellt. – Bevor Sie die Fragen beantworten, müssen Sie die Begriffe abdecken.

Berufe	Städte	Tiere	Namen	Bäume
Chemiker	Dresden	Affe	Julia	Buche
Lehrer	Hamburg	Elefant	Martin	Fichte
Optiker	Quebec	Gans	Norbert	Palme
Schlosser	Wien	Igel	Regina	Tanne
Verkäufer	Zürich	Krokodil	Xaver	Ulme

Beispiel

In welcher Begriffsgruppe steht das Wort mit dem Anfangsbuchstaben »C«?

a) Berufe b) Städte c) Tiere d) Namen e) Bäume

Die richtige Lösung ist a), denn »Chemiker« ist ein Beruf.

In welcher Begriffsgruppe steht das Wort mit dem Anfangsbuchstaben »X«?

a) Berufe b) Städte c) Tiere d) Namen e) Bäume

Die richtige Lösung ist d), denn »Xaver« ist ein Name.

Die Bearbeitungszeit für die folgenden Aufgaben beträgt 6 Minuten.

❶ **In welcher Begriffsgruppe steht das Wort mit dem Anfangsbuchstaben »A«?**

a) Berufe b) Städte c) Tiere
d) Namen e) Bäume

❷ **In welcher Begriffsgruppe steht das Wort mit dem Anfangsbuchstaben »B«?**

a) Berufe b) Städte c) Tiere
d) Namen e) Bäume

❸ **In welcher Begriffsgruppe steht das Wort mit dem Anfangsbuchstaben »D«?**

a) Berufe b) Städte c) Tiere
d) Namen e) Bäume

❹ **In welcher Begriffsgruppe steht das Wort mit dem Anfangsbuchstaben »E«?**

a) Berufe b) Städte c) Tiere
d) Namen e) Bäume

❺ **In welcher Begriffsgruppe steht das Wort mit dem Anfangsbuchstaben »F«?**

a) Berufe b) Städte c) Tiere
d) Namen e) Bäume

❻ **In welcher Begriffsgruppe steht das Wort mit dem Anfangsbuchstaben »G«?**

a) Berufe b) Städte c) Tiere
d) Namen e) Bäume

❼ **In welcher Begriffsgruppe steht das Wort mit dem Anfangsbuchstaben »H«?**

a) Berufe b) Städte c) Tiere
d) Namen e) Bäume

❽ **In welcher Begriffsgruppe steht das Wort mit dem Anfangsbuchstaben »I«?**

a) Berufe b) Städte c) Tiere
d) Namen e) Bäume

❾ **In welcher Begriffsgruppe steht das Wort mit dem Anfangsbuchstaben »J«?**

a) Berufe b) Städte c) Tiere
d) Namen e) Bäume

❿ **In welcher Begriffsgruppe steht das Wort mit dem Anfangsbuchstaben »K«?**

a) Berufe b) Städte c) Tiere
d) Namen e) Bäume

⓫ **In welcher Begriffsgruppe steht das Wort mit dem Anfangsbuchstaben »L«?**

a) Berufe b) Städte c) Tiere
d) Namen e) Bäume

➜

⓬ In welcher Begriffsgruppe steht das Wort mit dem Anfangsbuchstaben »M«?

a) Berufe b) Städte c) Tiere
d) Namen e) Bäume

⓭ In welcher Begriffsgruppe steht das Wort mit dem Anfangsbuchstaben »N«?

a) Berufe b) Städte c) Tiere
d) Namen e) Bäume

⓮ In welcher Begriffsgruppe steht das Wort mit dem Anfangsbuchstaben »O«?

a) Berufe b) Städte c) Tiere
d) Namen e) Bäume

⓯ In welcher Begriffsgruppe steht das Wort mit dem Anfangsbuchstaben »P«?

a) Berufe b) Städte c) Tiere
d) Namen e) Bäume

⓰ In welcher Begriffsgruppe steht das Wort mit dem Anfangsbuchstaben »Q«?

a) Berufe b) Städte c) Tiere
d) Namen e) Bäume

⓱ In welcher Begriffsgruppe steht das Wort mit dem Anfangsbuchstaben »R«?

a) Berufe b) Städte c) Tiere
d) Namen e) Bäume

⑱ In welcher Begriffsgruppe steht das Wort mit dem Anfangsbuchstaben »S«?

a) Berufe b) Städte c) Tiere
d) Namen e) Bäume

⑲ In welcher Begriffsgruppe steht das Wort mit dem Anfangsbuchstaben »T«?

a) Berufe b) Städte c) Tiere
d) Namen e) Bäume

⑳ In welcher Begriffsgruppe steht das Wort mit dem Anfangsbuchstaben »U«?

a) Berufe b) Städte c) Tiere
d) Namen e) Bäume

Lösung: Seite 208

Räumliches Vorstellungsvermögen

Unter dem räumlichen Vorstellungsvermögen versteht man die Fähigkeit, sich Gegenstände, Bilder und Bewegungsabläufe räumlich vorstellen und in Gedanken Dinge umgruppieren zu können. Dazu gehört, dass man die räumliche Anordnung von Dingen anhand von Zeichnungen und Beschreibungen richtig erfassen kann.

Ein ausgeprägtes räumliches Vorstellungsvermögen ist besonders in Berufen erforderlich, für die Zeichnen und Konstruieren von Bedeutung ist, beispielsweise bei technischen Zeichnern, Architekten, Raumausstattern und Schreinern.

Bei den folgenden Tests ist räumliches Vorstellungsvermögen in unterschiedlichem Maße erforderlich. Am schwierigsten sind für die meisten Menschen die Würfelaufgaben.

Spiegelbilder

Sechs Figuren werden vorgegeben. Fünf Figuren kann man durch Drehen zur Deckung bringen, d.h. genau übereinander legen. Bei einer Figur ist das nicht möglich. Sie lässt sich nur dann zur Deckung bringen, wenn man sie umklappt. Diese Figur sollen Sie herausfinden und ankreuzen.

Beispiel

❶ 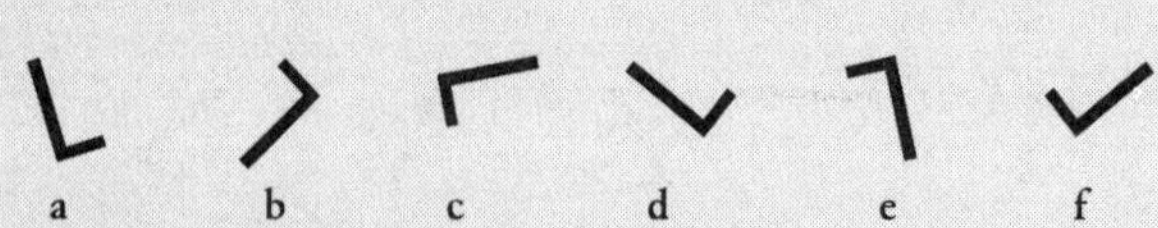

Die richtige ist Figur f.

Für die folgenden Aufgaben haben Sie 7 Minuten Zeit.

❶

a b c d e f

❷

a b c d e f

❸

a b c d e f

❹

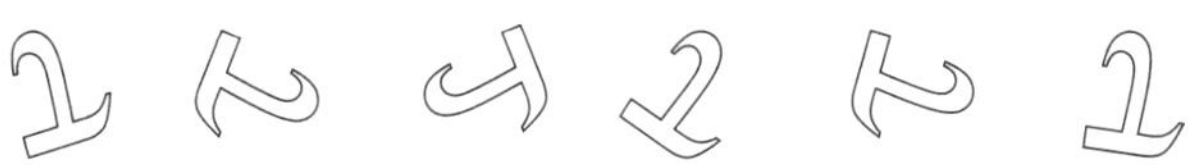

a b c d e f

❺

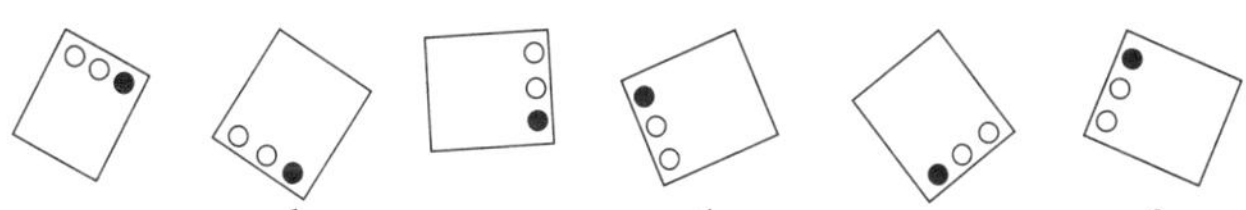

a b c d e f

❻

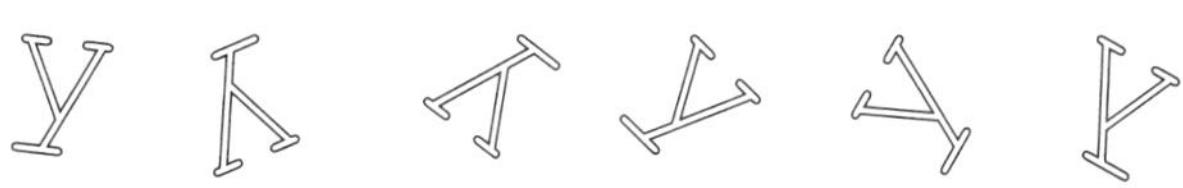

a b c d e f

❼

a b c d e f

➜

❽

a b c d e f

❾

a b c d e f

❿
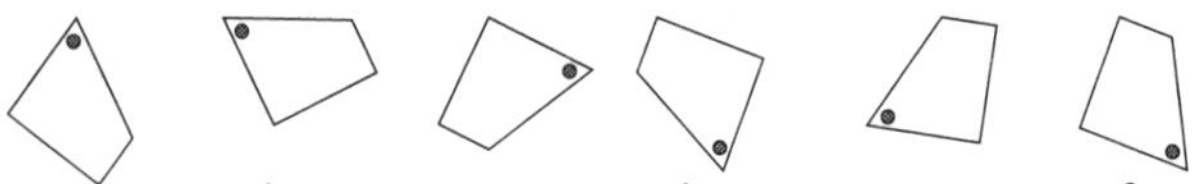
a b c d e f

⓫

a b c d e f

⓬

a b c d e f

⓭
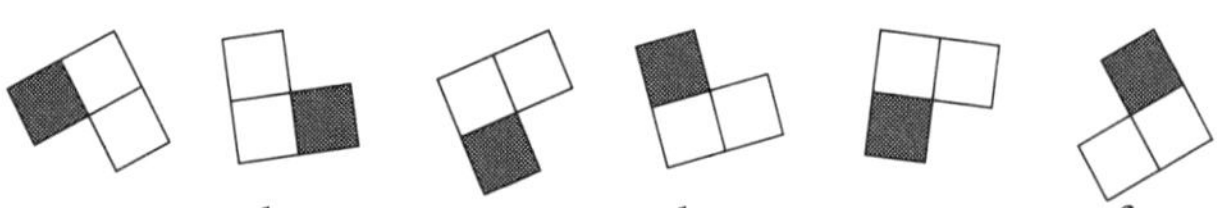
a b c d e f

⓮
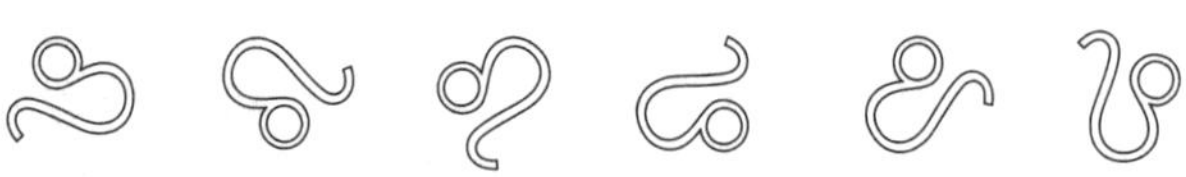
a b c d e f

⓯
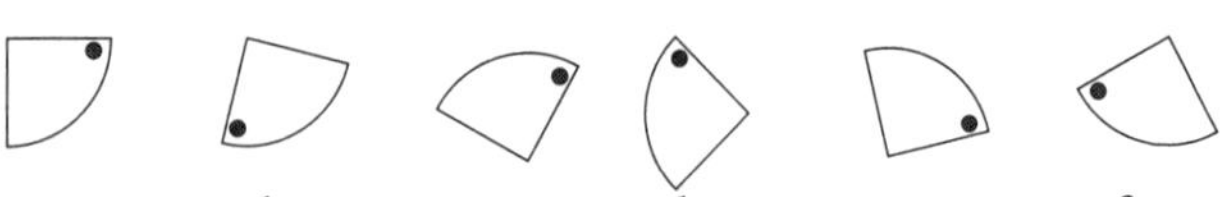
a b c d e f

⓰

a b c d e f

⓱

a b c d e f

⓲
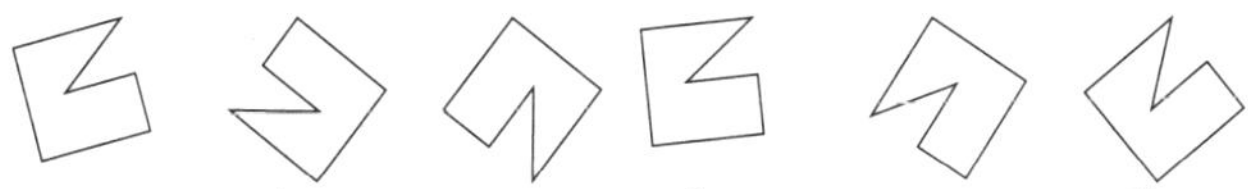
a b c d e f

⓳
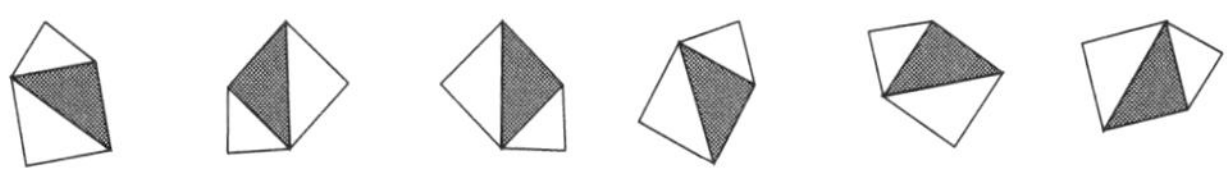
a b c d e f

⓴

a b c d e f

Lösungstipp

Wenn Sie die spiegelbildliche Figur nicht auf den ersten Blick finden, gehen Sie die einzelnen Positionen der Reihe nach durch und drehen Sie dabei die Figuren gedanklich in die Grundposition. Achten Sie dabei besonders auf hervortretende Merkmale wie dickere Linien, vorstehende Ecken, herausstehende Elemente, Öffnungen, Muster.

Lösung: Seite 209

Figurenauswahl

Jede der folgenden Aufgaben zeigt eine der vorgegebenen Musterfiguren in mehrere Stücke zerschnitten. Finden Sie heraus, welche der vorgegebenen Musterfiguren (a–e) aus den einzelnen Teilstücken zusammengefügt werden kann, ohne dass Ecken überstehen oder Platz zwischen den Stücken bleibt.

Beispiel

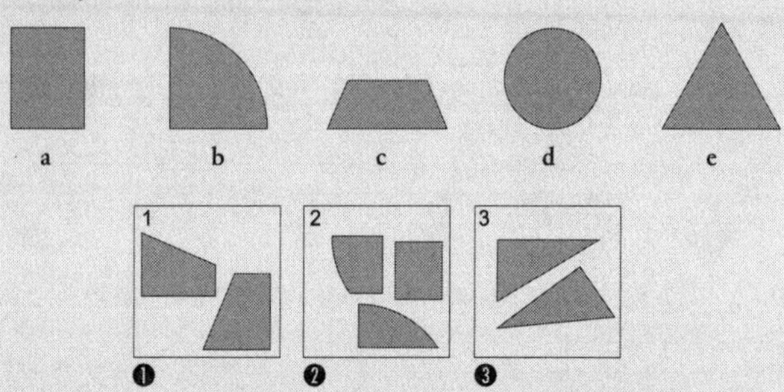

Durch Zusammensetzen der Stücke des ersten Beispiels erhält man Figur a), das zweite Beispiel ergibt Figur b), das dritte Beispiel Figur e).

Die Bearbeitungszeit für die folgenden Aufgaben beträgt 7 Minuten.

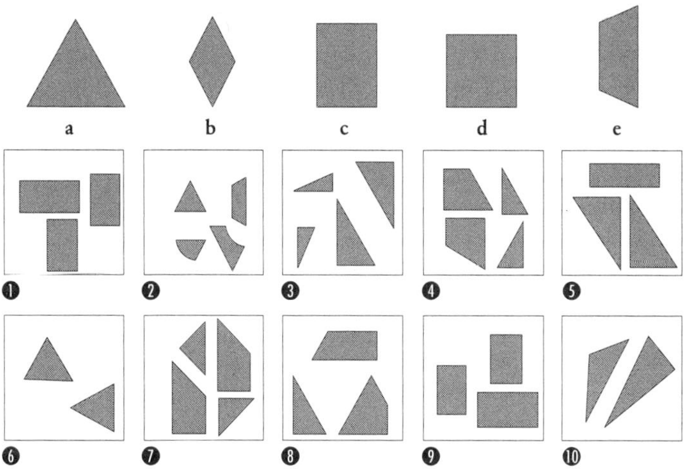

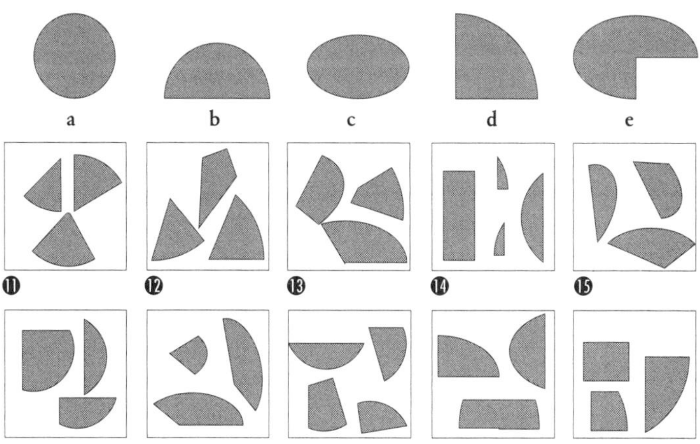

Lösung: Seite 209

Würfelauswahl

Es werden fünf Musterwürfel vorgegeben. Jeder Würfel hat sechs Seiten mit verschiedenen Zeichen, von denen nur drei zu sehen sind. Bei den Aufgaben können die Würfel gedreht und/oder gekippt sein, wobei eine neue Seite sichtbar werden kann. Finden Sie heraus, um welchen der vorgegebenen Würfel es sich handelt. Auch wenn die Zeichen ähnlich aussehen, handelt es sich bei den Würfeln a bis e um verschiedene Würfel. Es ist immer nur eine Lösung richtig.

Beispiel

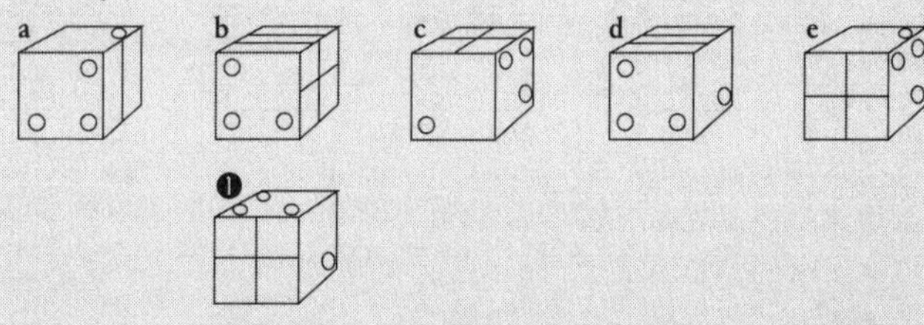

Das Beispiel zeigt Würfel c) in veränderter Lage. Der Würfel wurde einmal nach vorne und einmal nach links gekippt.

Lösungstipp

Überprüfen Sie zuerst, bei welchen Musterwürfeln die gleichen Symbole wie beim Aufgabenwürfel sichtbar sind. Untersuchen Sie dann die Lage der Symbole zueinander. Hat kein Musterwürfel die gleichen Symbole, kann die *Ausschlussmethode* helfen: Sortieren Sie die Würfel aus, die kein Symbol mit dem Aufgabenwürfel gemeinsam haben. Bei den Würfeln mit ein oder zwei gleichen Symbolen können Sie durch Vergleichen der Lage der Symbole weitere Würfel ausschließen. So kommen Sie der Lösung schrittweise näher.

Die Bearbeitungszeit für die folgenden Aufgaben beträgt 9 Minuten.

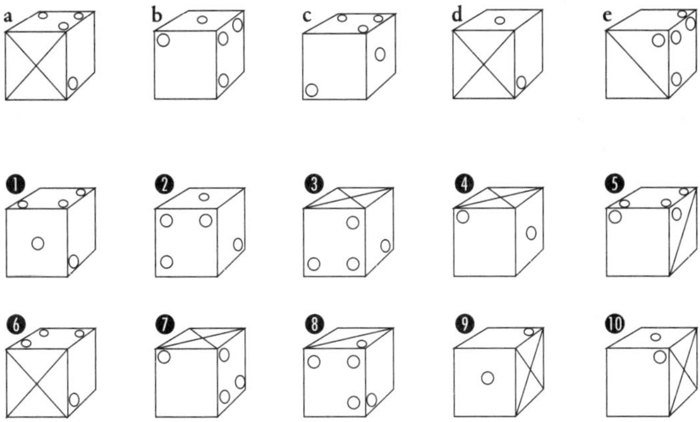

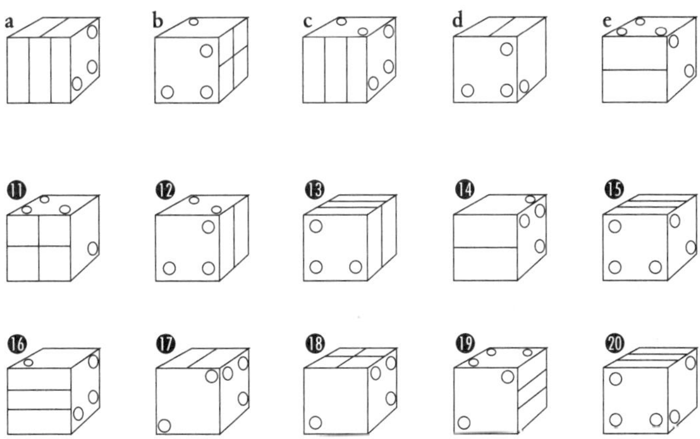

Lösung: Seite 210

Figuren abwickeln und Körper zusammensetzen

Beim folgenden Test müssen Sie Körper und Faltvorlagen richtig zuordnen. Dabei lassen sich zwei Aufgabentypen unterscheiden: Beim ersten wird eine Faltvorlage vorgegeben, der Sie den richtigen Körper zuordnen müssen. Beim zweiten Typ ist es umgekehrt: Sie müssen einem vorgegebenen Körper die passende Faltvorlage zuordnen.

Die gestrichelten Linien zeigen an, wo die Faltvorlage geknickt werden kann. Faltvorlagen mit einem Muster zeigen jeweils die Außenseite des gesuchten Körpers.

Beispiel

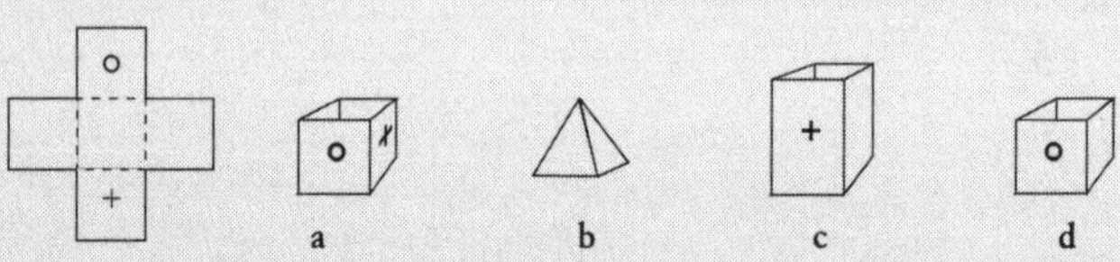

❶ **Welcher Körper (a–d) gehört zur vorgegebenen Faltvorlage?**
Die Faltvorlage muss einen offenen Würfel ergeben, bei dem nur ein Symbol sichtbar ist. Die Lösung ist also d.

❷ **Welche Faltvorlage (a–d) gehört zum vorgegebenen Körper?**

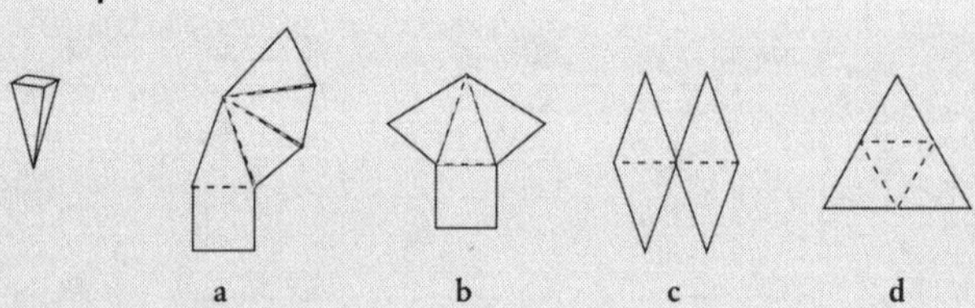

Die richtige Lösung ist a.

Die Bearbeitungszeit für die folgenden Aufgaben beträgt 5 Minuten.

❶
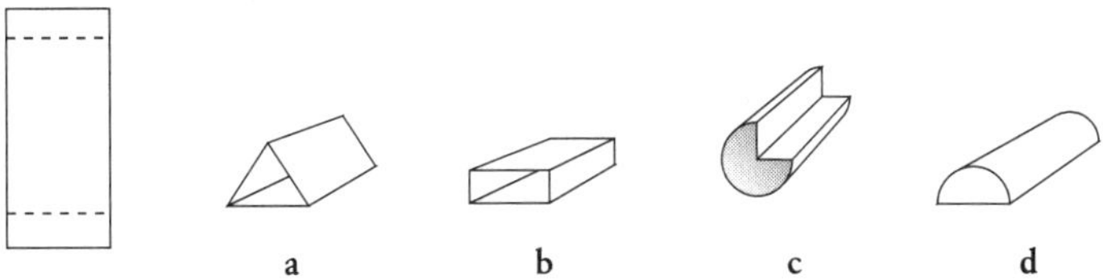

❷
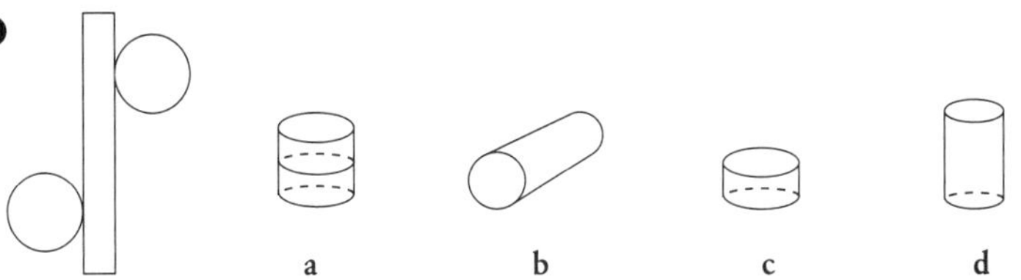

❸
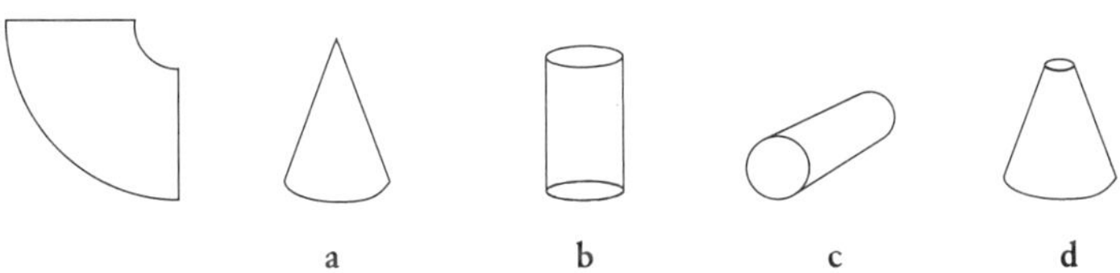

❹
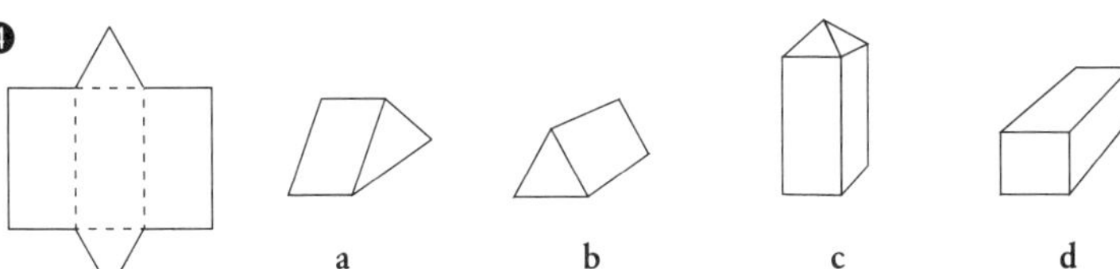

❺
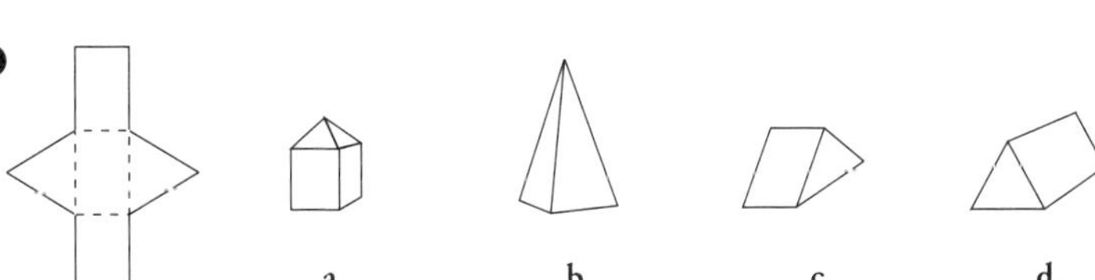

6

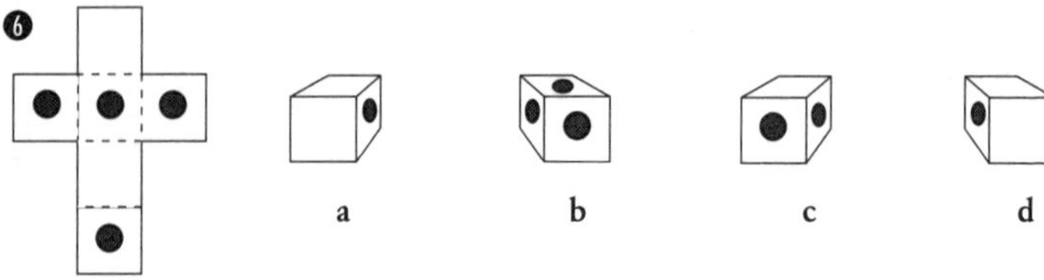

7

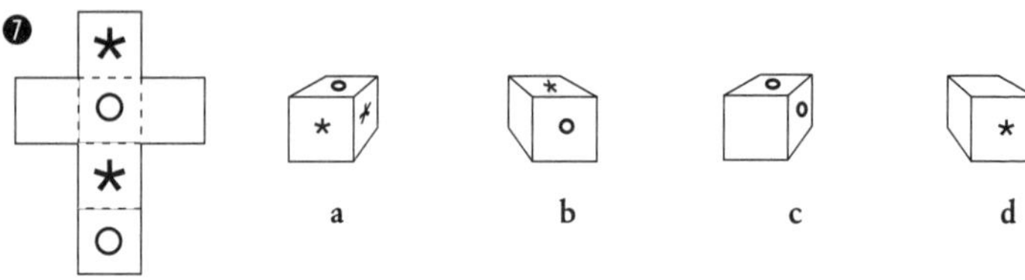

8

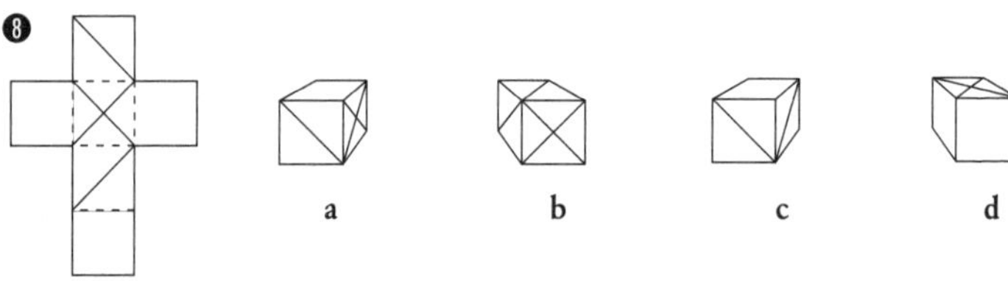

9

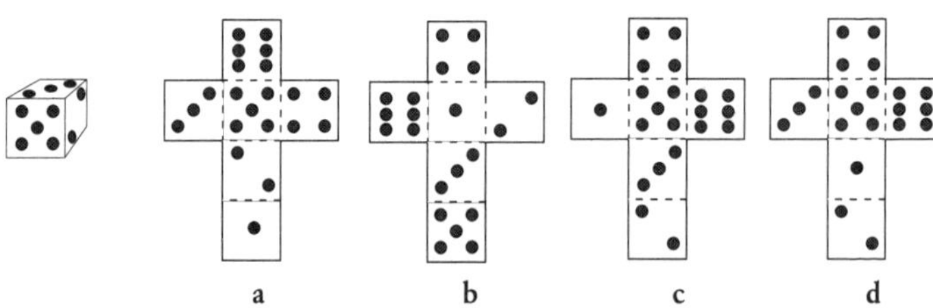

10

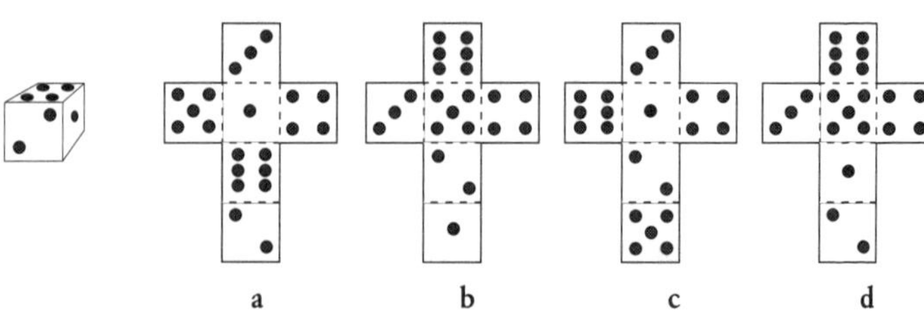

⓫

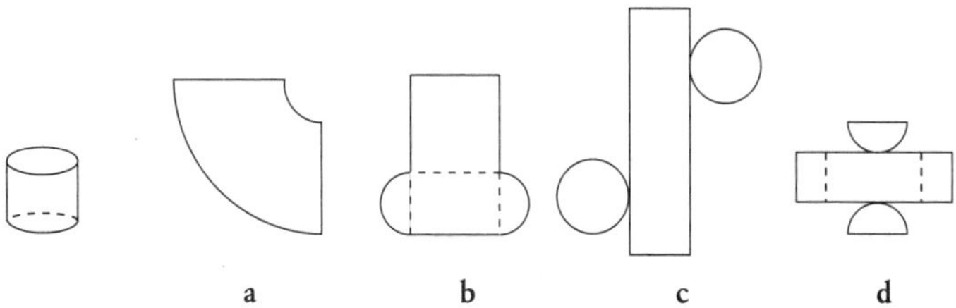

⓬

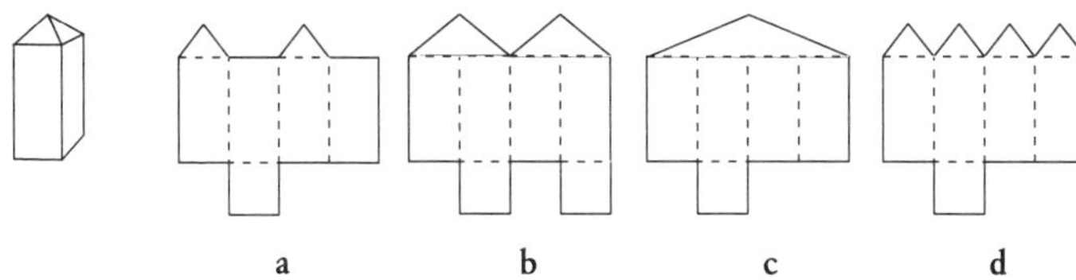

Lösung: Seite 210

Konzentrationstests

Bei den folgenden Tests geht es um das Leistungsmerkmal Konzentrationsvermögen, aber auch um Ihre Ausdauer. Die Aufgaben selbst sind nicht schwer, müssen aber unter hohem Zeitdruck gelöst werden. Es kommt also darauf an, gleichzeitig schnell und sorgfältig zu arbeiten. Zu dieser Testgruppe gehören unterschiedliche Versionen von Durchstreichtests, bei denen Buchstaben oder andere Zeichen durchzustreichen sind, und Tests mit langen Zahlenreihen, die addiert werden müssen. Ausgewertet werden dabei die bewältigte Leistungsmenge, die Fehlerzahl und der zeitliche Verlauf.

Durchstreichtest b2

Dieser Test besteht aus mehreren Buchstabenreihen mit den Buchstaben b und q. Über oder unter den Buchstaben befinden sich Striche. Streichen Sie alle b durch, die zwei Striche haben. Es ist egal, ob sich die Striche über oder unter dem b befinden.

Beispiel

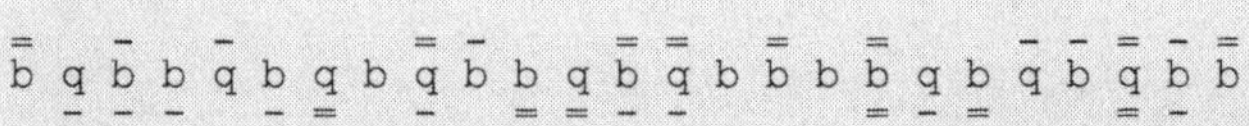

Sie haben alles richtig gemacht, wenn 7 b durchgestrichen ist.

Bei den Testaufgaben haben Sie für jede Zeile 20 Sekunden Zeit. Es ist sinnvoll, wenn Sie zum Abstoppen der Zeit eine Hilfsperson haben, die jeweils »Halt« sagt. Sie müssen dann sofort zur nächsten Zeile wechseln.

Lösung: Seite 211

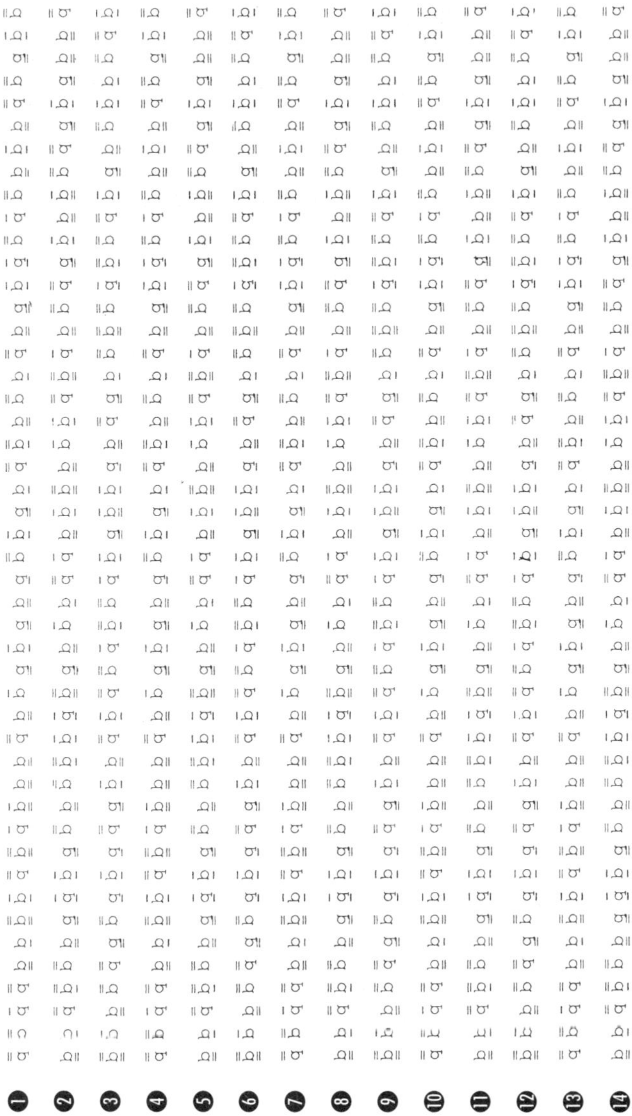

Lösungstipp

Denken Sie daran, dass es bei diesem Test sowohl auf *Schnelligkeit* als auch auf *Genauigkeit* ankommt.
Achten Sie zuerst auf den zu suchenden Buchstaben – also b – und überprüfen Sie dann die Anzahl der Striche.
Wählen Sie die für Sie schnellste Durchstreichmethode, da es auf sauberes Durchstreichen nicht ankommt.
Damit Sie nicht in die falsche Zeile geraten, können Sie ein Blatt unter die Zeile legen, die Sie gerade bearbeiten.
Falls Ihnen durch die konzentrierte Arbeit die Zeichen vor Augen verschwimmen, schließen Sie kurz die Augen oder schauen Sie kurz in eine andere Richtung.

Auswertung des Konzentrationstests

Allein mit der Auszählung der durchgestrichenen b mit zwei Strichen für jede Zeile kann man bei diesem Test wenig anfangen. Psychologen ermitteln bei der Auswertung folgende Kennzahlen:

- *die Leistungsmenge GZ*
- *die Fehlerzahl F*
- *die Leistungsgüte F %*
- *den Gesamttestwert GZ – F*

Unter Leistungsmenge versteht man die Gesamtmenge der bearbeiteten Zeichen. Dazu zählen Sie für jede Zeile alle Zeichen bis zum letzten durchgestrichenen Zeichen aus und notieren sich das Ergebnis. Die *Leistungsmenge GZ* ergibt sich, wenn man die Werte für alle 14 Zeilen auszählt und anschließend addiert.

An der *Fehlerzahl F* kann man ablesen, wie genau Sie gearbeitet haben. Dabei kann man zwei Fehlertypen unterscheiden: Auslassungsfehler und Verwechslungsfehler.

Auslassungsfehler treten auf, wenn Sie vergessen haben, ein b mit 2 Strichen durchzustreichen. Verwechslungsfehler treten auf, wenn Sie Buchstaben zu viel durchstreichen.

Der prozentuale Anteil der Fehler *(F %)* gibt die Leistungsgüte an. Sie errechnet sich nach der Formel: $F\ \% = 100 \cdot F/GZ$.

Wenn man die Fehlerzahl von der Gesamtmenge der bearbeiteten Zeichen abzieht *(GZ – F)*, erhält man den Gesamttestwert, d.h. die Anzahl der richtig bearbeiteten Zeichen. Dieser Wert fasst die qualitative und quantitative Leistung zusammen und gibt Aufschluss über das Arbeitstempo und die Genauigkeit der Arbeitsweise.

Zur groben Einordnung der eigenen Leistung: Ihre Leistung liegt im mittleren Bereich, wenn Ihre Leistungsmenge GZ zwischen 300 und 450 und der Gesamttestwert (GZ – F) zwischen 280 und 420 liegt. Mit höheren Werten sind Sie besser als der Durchschnitt.

Zahlenreihen addieren

Es werden Ihnen Zahlenreihen vorgegeben und Sie sollen die Zahlen jeweils im Kopf addieren. Das Ergebnis jeder Zeile schreiben Sie rechts daneben. Außerdem sollen Sie die letzte Ziffer des Ergebnisses in der Zahlenreihe suchen und durchstreichen.

Kommt die Endziffer in der Reihe mehrmals vor, streichen Sie die am weitesten rechts stehende Zahl durch. Kommt die Ziffer in der Zahlenreihe nicht vor, notieren Sie nur das Ergebnis.

Beispiel

37629 8~~0~~14 40

Die Summe aller Zahlen ergibt 40.
Da die letzte Ziffer des Ergebnisses eine 0 ist, wird diese Ziffer in der Zahlenreihe durchgestrichen.

2946105~~4~~3 34

Die Summe aller Zahlen ergibt 34.
Da die letzte Ziffer 4 zweimal in der Reihe vorkommt, wird nur die letzte 4 durchgestrichen.

Für die folgenden Aufgaben haben Sie 5 Minuten Zeit.

1. 214932851 [redacted]
2. 725443639 [redacted]
3. 478391256 [redacted]
4. 645235213 [redacted]
5. 312564654 [redacted]
6. 912457786 [redacted]
7. 219876350 [redacted]
8. 912284553 [redacted]
9. 650912478 [redacted]
10. 658892134 [redacted]
11. 293845194 [redacted]
12. 624892012 [redacted]
13. 126738459 [redacted]
14. 478923452 [redacted]
15. 345312897 [redacted]
16. 232356843 [redacted]
17. 673442757 [redacted]
18. 167845346 [redacted]
19. 785638652 [redacted]
20. 893768423 [redacted]
21. 478923723 [redacted]
22. 321423526 [redacted]

23 271854963 [redacted]

24 609142578 [redacted]

25 839054768 [redacted]

26 168234057 [redacted]

27 789631236 [redacted]

28 127675897 [redacted]

29 423561987 [redacted]

30 453453212 [redacted]

31 234112235 [redacted]

32 237896452 [redacted]

33 273841965 [redacted]

34 749235231 [redacted]

35 553238331 [redacted]

36 743432178 [redacted]

37 524747104 [redacted]

38 639528721 [redacted]

39 421893165 [redacted]

40 116895432 [redacted]

41 432671263 [redacted]

42 623487831 [redacted]

43 445663218 [redacted]

44 543212133 [redacted]

45 878762211 [redacted]

Lösung: Seite 211

Lösungstipp

Sie können Zeit gewinnen, wenn Sie gedanklich mehrere kleinere Zahlen zu einer größeren *zusammenfassen* und diese addieren. Kommen in einer Reihe alle Zahlen von 1 bis 9 nur einmal vor, ergibt das 45.
Bei einem Test können Ihnen bis zu 400 dieser Aufgaben vorgegeben werden. Sie haben dafür etwa 40 Minuten Zeit. In dieser Zeit können Sie nicht alles schaffen. Durch Übung können Sie jedoch Ihre Leistung beträchtlich steigern.

Additions-/Subtraktionsaufgaben

Die folgenden Rechenaufgaben bestehen jeweils aus zwei Zeilen. Rechnen Sie zuerst die obere und dann die untere Zeile aus und merken Sie sich jeweils das Ergebnis. Beachten Sie nun folgende Regel: Ist das zweite Ergebnis kleiner als das erste, ziehen Sie es vom ersten ab und schreiben diese Differenz auf. Ist das Ergebnis der zweiten Zeile größer, müssen Sie beide Ergebnisse addieren. Sie dürfen keine Zwischenergebnisse notieren und müssen alle Rechenoperationen im Kopf durchführen. Nur das Endergebnis wird notiert.

Rechnen Sie schnell, aber trotzdem sorgfältig. Verwechseln Sie nicht die Addition bzw. Subtraktion der beiden Ergebnisse.

Beispiel

3 + 8 – 2	
5 + 2 – 3	5

Das Ergebnis der ersten Zeile ist 9, das der zweiten Zeile 4. Da das zweite Ergebnis kleiner als das erste ist, müssen Sie 9 – 4 subtrahieren. Nur das Endergebnis 5 schreiben Sie auf.

3 + 6 – 5	
7 + 4 – 2	13

Das Ergebnis der ersten Zeile ist 4, das der zweiten Zeile 9. Da das zweite Ergebnis größer als das erste ist, müssen Sie beide Zahlen addieren und schreiben nur das Endergebnis 13 auf.

Für die folgenden 20 Testaufgaben haben Sie 3 Minuten Zeit.

❶ 4 + 9 − 7
5 + 6 − 3

❷ 9 − 2 + 7
3 + 2 + 4

❸ 7 + 3 − 4
4 + 7 − 3

❹ 6 + 3 + 2
3 + 2 − 4

❺ 8 − 4 − 1
3 + 4 + 6

❻ 3 + 8 − 3
4 + 3 + 2

❼ 2 + 4 − 3
1 + 8 − 5

❽ 4 + 4 − 3
7 + 6 + 4

❾ 4 + 5 + 4
9 − 8 + 7

❿ 2 + 4 − 5
5 + 4 + 4

⓫ 4 + 3 + 6
9 − 5 + 7

⓬ 7 + 8 − 3
4 + 5 − 2

⓭ 8 + 7 + 5
2 + 4 − 5

⓮ 3 + 6 − 2
4 − 5 + 7

⓯ 3 + 9 − 5
8 − 3 + 5

⓰ 8 + 4 + 6
7 − 9 + 8

⓱ 7 − 6 + 4
5 + 7 − 4

⓲ 4 + 5 + 2
9 − 3 − 3

➜

⑲ 2 + 8 − 6
9 + 6 − 8

⑳ 1 + 7 − 4
6 + 9 − 7

Lösung: Seite 212

Technisches Verständnis

Aufgaben zum technischen Verständnis kommen vor allem bei der Bewerberauswahl in gewerblich-technischen Berufen zum Einsatz, wo der Umgang mit Maschinen, technischen Geräten und Werkzeugen im Mittelpunkt steht. Wenn Sie Schwierigkeiten damit haben, sollten Sie die grundlegenden physikalischen Prinzipien noch einmal auffrischen.

Bei den folgenden Aufgaben kommt es darauf an, das physikalisch-technische Wissen auf Alltagsprobleme anzuwenden. Jede Aufgabe besteht aus einer Skizze mit einer dazu gehörenden Frage. Kreuzen Sie von den Vorschlägen die Lösung an, die Sie für richtig halten.

Beispiel

❶ Rad A dreht sich mit einer bestimmten Geschwindigkeit in Pfeilrichtung.
Wie schnell dreht sich Rad B?
a) schneller als Rad A
b) langsamer als Rad A
c) gleich schnell

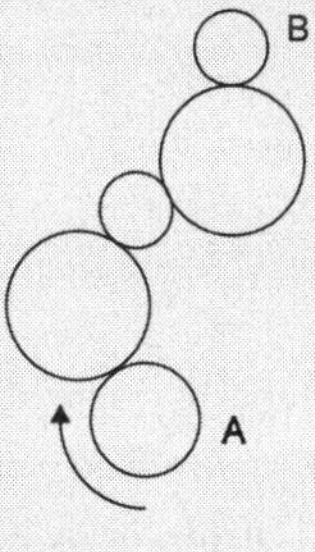

Lösung: a) Da Rad B kleiner als Rad A ist, dreht es sich schneller.

❷ **Welche Leiter ist am zweckmäßigsten an die Wand gelehnt?**

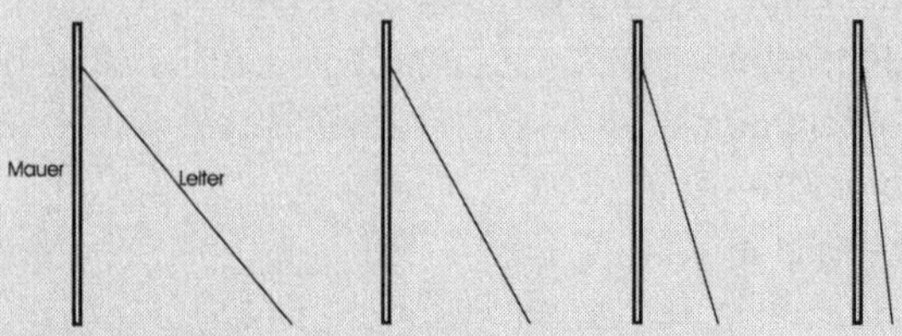

a) Leiter 1 b) Leiter 2 c) Leiter 3 d) Leiter 4

Lösung: c) Leiter 3 steht sicher, und man kann bequem hinaufsteigen. Bei Leiter 4 besteht die Gefahr des Umkippens. Leiter 1 und 2 stehen zu flach, die Belastung der Leiter ist zu hoch.

Die Bearbeitungszeit für die folgenden Aufgaben beträgt 8 Minuten.

❶ **Rad x dreht sich in Pfeilrichtung. Welche Räder drehen sich in der gleichen Richtung?**

a) A, C und E
b) A und C
c) B und D
d) B und E

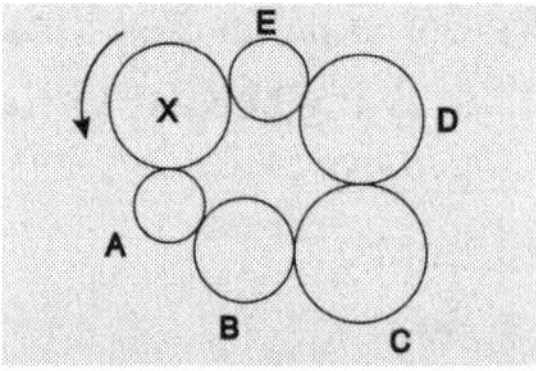

❷ **Rad A dreht sich in Pfeilrichtung. In welche Richtung dreht sich das große Rad?**

a) die Räder können sich nicht drehen
b) das Rad dreht sich in Richtung 1
c) das Rad dreht sich in Richtung 2

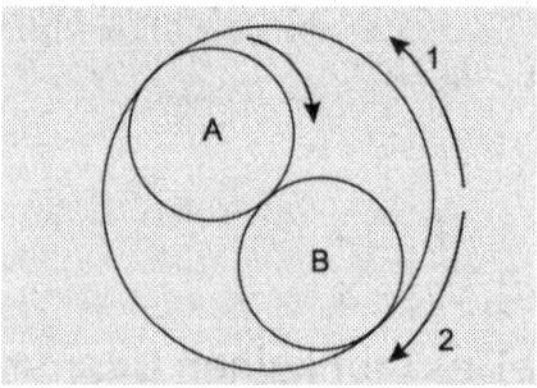

❸ Eine fest sitzende Schraube muss gelöst werden. Welcher Schraubenzieher ist am besten geeignet?

a) Schraubenzieher 1
b) Schraubenzieher 2
c) Schraubenzieher 3
d) Schraubenzieher 4

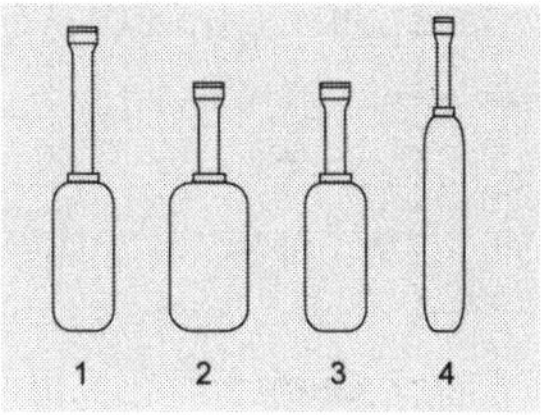

❹ Mithilfe einer Stange soll die Kiste angehoben werden. Bei welchem System ist die Kraftanstrengung am geringsten?

a) System 1
b) System 2
c) System 3
d) es gibt keinen Unterschied

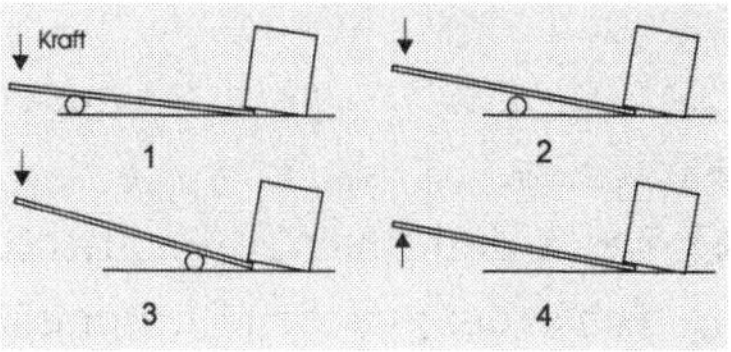

❺ Bei welcher Kombination aus Windrichtung und Ruderstellung bewegt sich das Boot geradeaus?

a) Boot 1
b) Boot 2
c) Boot 3
d) Boot 4

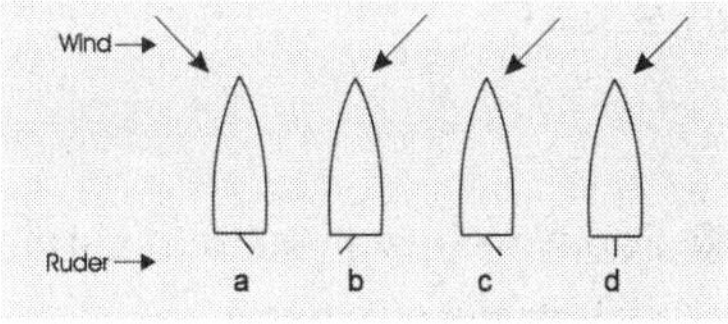

❻ Welche der abgebildeten Vasen fällt am leichtesten um?

a) Vase 1
b) Vase 2
c) Vase 3
d) Vase 4
e) es gibt keinen Unterschied

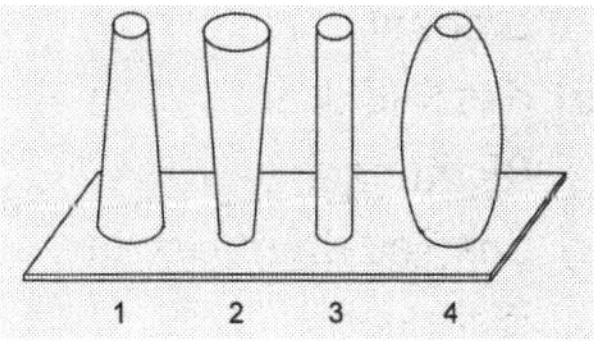

❼ Sieben Kugeln hängen wie abgebildet nebeneinander und berühren sich. Was passiert, wenn die achte Kugel auf die siebente aufprallt?

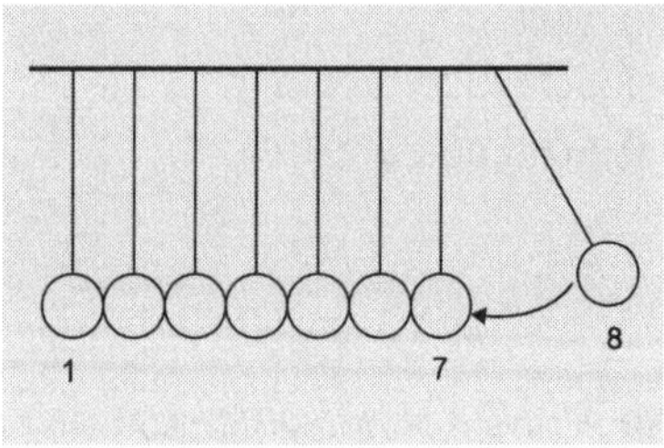

a) alle Kugeln bewegen sich nach links
b) die achte prallt zurück, die anderen bewegen sich nicht
c) die achte prallt zurück, die anderen bewegen sich nach links
d) nur die erste bewegt sich nach links

❽ Am Punkt X werden aus einem Flugzeug Vorräte abgeworfen. Auf welcher Bahn fallen sie auf die Erde?

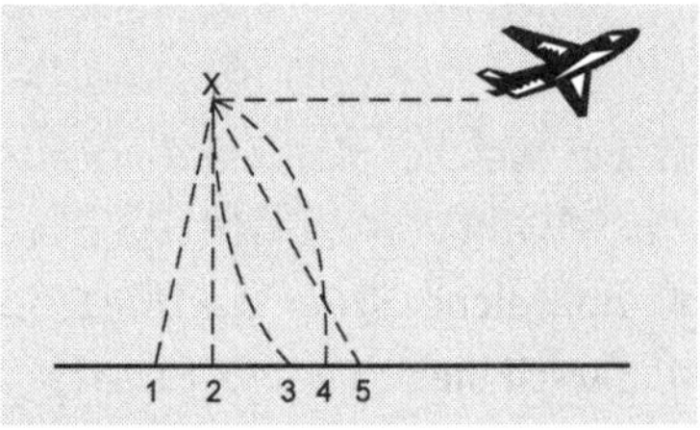

a) Bahn 1
b) Bahn 2
c) Bahn 3
d) Bahn 4
e) Bahn 5

❾ Bei welchem System kann man das Gewicht mit der geringsten Kraft hochziehen?

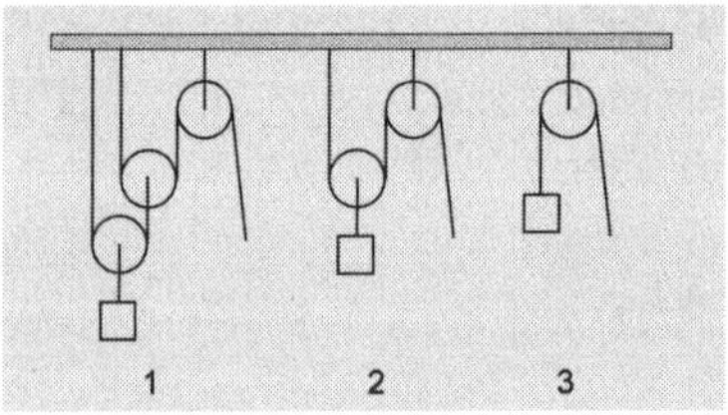

a) System 1
b) System 2
c) System 3
d) es gibt keinen Unterschied

⑩ Wo muss man das Gewicht aufhängen, damit die Waage im Gleichgewicht ist?

a) bei 1
b) bei 2
c) bei 3
d) bei 4

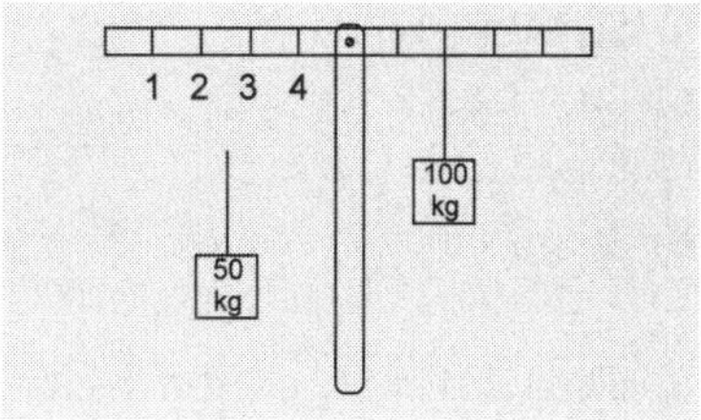

⑪ Aus welchem Behälter strömt das Wasser mit dem stärksten Druck heraus?

a) Behälter 1
b) Behälter 2
c) Behälter 3
d) es gibt keinen Unterschied

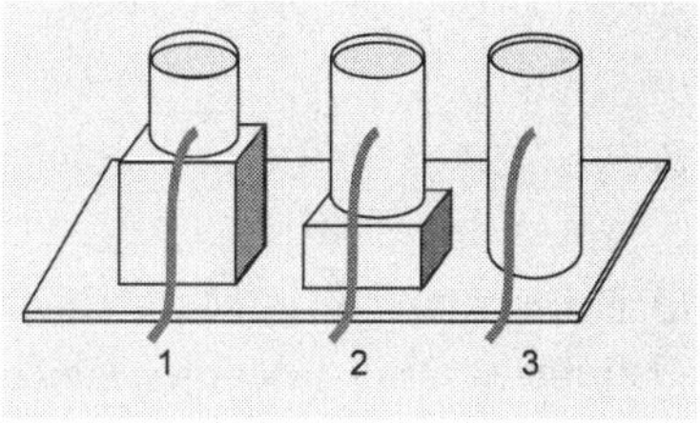

⑫ An welcher Stelle sind die Einzelteile eines Regenfallrohrs falsch ineinandergesteckt?

a) bei 1
b) bei 2
c) bei 3
d) bei 4

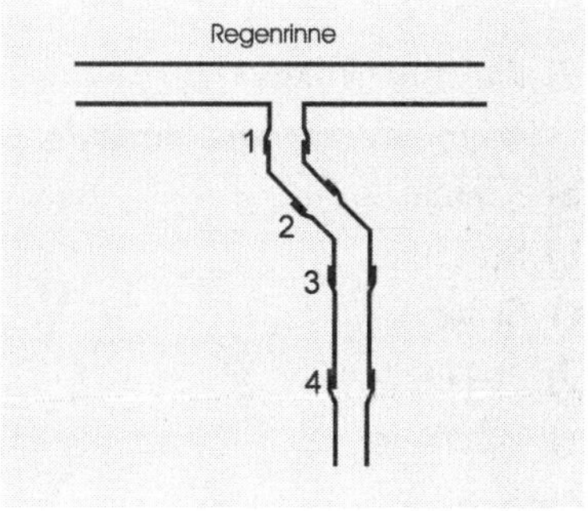

⓭ Ein Lichtstrahl wird durch einen Spiegel reflektiert. Welcher der vier reflektierten Strahlen wird richtig dargestellt?

a) Strahl 1
b) Strahl 2
c) Strahl 3
d) Strahl 4

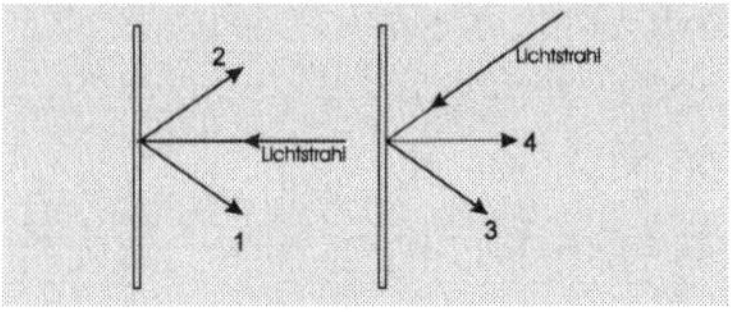

⓮ Ein Lichtstrahl geht durch eine Linse. Welcher austretende Strahl ist richtig gezeichnet?

a) Strahl 1
b) Strahl 2
c) Strahl 3
d) Strahl 4

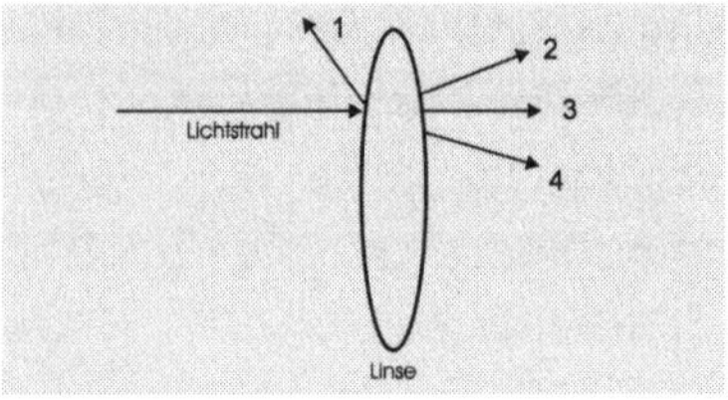

⓯ Ein Lichtstrahl geht durch ein Prisma. Welcher austretende Strahl ist richtig gezeichnet?

a) Strahl 1
b) Strahl 2
c) Strahl 3
d) Strahl 4

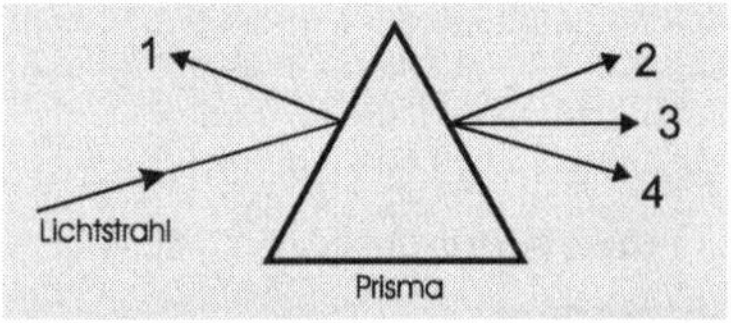

⓰ Welcher Schalter muss beim dargestellten Stromkreis geschlossen werden, damit der Strom fließt?

a) Schalter 1
b) Schalter 2
c) Schalter 3
d) Schalter 4
e) Schalter 5

Lösung: Seite 212

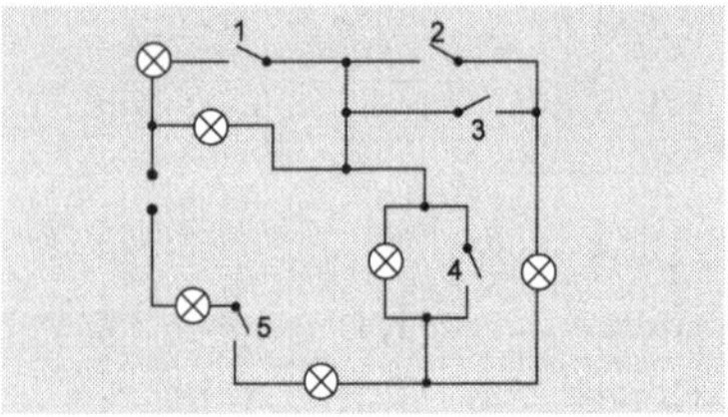

Bürokaufmännische Fähigkeiten

Die folgenden Tests werden oft bei Bewerbungen für Bürotätigkeiten und kaufmännische Berufe eingesetzt. Es geht um Ihr Arbeitsverhalten. Die Merkmale Ordnung, Sorgfalt, Organisationsvermögen und der Umgang mit Zahlen werden geprüft.

Dienstplan aufstellen

Für die Beaufsichtigung ihrer Kinder in einem Ferienlager stellen die Eltern einen Dienstplan auf. Von den insgesamt 25 Erwachsenen sollen jeweils drei Erwachsene für die Aufsicht während des Tages und zwei während der Nacht zuständig sein. Bei der Aufstellung des Plans sollen die Wünsche für Tag- (T) oder Nachtdienst (N) berücksichtigt werden. Stellen Sie nun einen Plan von Montag bis Freitag auf, bei dem jeder Erwachsene einmal die Aufsicht übernimmt. Tragen Sie die Namen aus der Liste in den Dienstplan ein und berücksichtigen Sie die jeweiligen Wünsche der Eltern. Einigen Erwachsenen ist es egal, ob sie Tag- oder Nachtdienst (T, N) machen.

Für die Aufgabe haben Sie 5 Minuten Zeit.

Alexander	T	Julia	N	Regina	N
Andreas	N	Jutta	T	Roland	N
Anna	T	Kerstin	T	Sabine	T, N
Birgit	T, N	Lisa	N	Sandra	N
Christine	T	Maria	T	Thorsten	T, N
Claudia	T, N	Martin	T, N	Werner	T
Frank	N	Norbert	N	Wolfgang	T
Hans	T, N	Peter	T		
Holger	T, N	Petra	T		

➜

	Montag	Dienstag	Mittwoch	Donnerstag	Freitag
Tag					
Nacht					

Lösung: Seite 213

Namen in Kartei einsortieren

Sie erhalten eine Liste mit Kundennamen Ihrer Firma, die Sie in eine Kartei einordnen müssen. Die Kundenkartei ist alphabetisch nach folgendem System aufgebaut:

1 Aa-Az	2 Ba-Bk	3 Bl-Bz	4 Ca-Cz	5 Da-Dl	6 Dm-Dz	7 Ea-Ek	8 El-Ez	9 Fa-Fz	10 Ga-Gk	11 Gl-Gz
12 Ha-Hm	13 Hn-Hz	14 Ia-Iz	15 Ja-Jz	16 Ka-Kn	17 Ko-Kz	18 La-Lz	19 Ma-Mf	20 Mg-Mn	21 Mo-Mz	22 Na-Nz
23 Oa-Oz	24 Pa-Pz	25 Qa-Qz	26 Ra-Rz	27 Sa-Sc	28 Sch	29 Sd-Sz	30 Ta-Tz	31 UV	32 Wa-Wz	33 XYZ

Schreiben Sie die Nummer des Karteikastens hinter den Namen.

Beispiel

Schneider 28 **Berger 2**

Für die folgenden 40 Namen haben Sie 3 Minuten Zeit.

❶ Werner	❷ Jasper
❸ Pohlmann	❹ Liedke
❺ Körner	❻ Hellweg
❼ Elsing	❽ Schmidt
❾ Xaver	❿ Droste
⓫ Bremer	⓬ Schöpper
⓭ Doennig	⓮ Richter
⓯ Stratmann	⓰ Jeske
⓱ Ferber	⓲ Bergmann
⓳ Weissenfeld	⓴ Niehues
(21) Padberg	(22) Knies
(23) Höltermann	(24) Müller
(25) Schulte-Derne	(26) Affeld
(27) Henrich	(28) Zwiehoff
(29) Gewert-Schwarze	(30) Mohr
(31) Cremer	(32) Weigandt
(33) Veltins	(34) Issing
(35) Koch	(36) Opitz
(37) Blomenkamp	(38) Reetz
(39) Winterkamp	(40) Mertens

Lösung: Seite 213

Adressen prüfen

Sie bekommen zwei Adressenlisten, ein Original und eine Abschrift. Ihre Aufgabe ist es, die Abschrift auf Tippfehler zu überprüfen. Die gefundenen Fehler müssen Sie unterstreichen und die Fehlerzahl eintragen. Fehler sind alle Änderungen gegenüber dem Original.

Lösungstipp

Achten Sie beim Vergleichen der Adressen auf Zeichen und Buchstaben, die ähnlich aussehen, sowie auf Doppelbuchstaben. Diese Stellen sind besonders fehleranfällig.

Original

	Name	Straße	PLZ Ort	Telefon
1	Claudia Aichinger	Rheinische Str. 236	44549 Düsseldorf	0211/568792
2	Werner Cremer	Am Kattenbrauck 34	59425 Unna	02303/68247
3	CDS Computer GmbH	Bismarckstr. 57	48147 Münster	0251/73729
4	Christiane Schmitt	Dörhoffstr. 12	44789 Bochum	0234/566388
5	Dr. W. Boldt	Viermärkter Weg 36	58313 Herdecke	02330/48338
6	Julia Hoenig	Oespeler Str. 67	44532 Lünen	02306/48226
7	Fa. Joh. Kügler KG	Gräfingholzstr. 17b	58455 Witten	02302/56429
8	Katharina Meisfeld	Vogelpothsweg 45	45659 Siegen	02361/86271
9	Kemper GmbH & Co.	Tauentzienstr. 45	14199 Berlin	030/8320203
10	Jürgen Klesz	Schweitzer Allee 151	45128 Essen	0201/678778
11	Wolfgang Guthmann	Syburger Kirchstr. 4	58238 Schwerte	02304/85774
12	Gödde GmbH & Co. KG	Alter Mühlenweg 20	37073 Göttingen	0551/396-0
13	Hanns Meyer	Danckwardtstr. 67	50725 Köln	0221/573341
14	Dr. M. Göbel	Wittbräuker Str. 347	44265 Dortmund	0231/785644
15	Gebr. Menzel OHG	Am Brauckacker 6	42850 Remscheid	02191/537-0

Beispiel

Original

Sabine Schaefer	Karl-Hoffmann-Str. 23	44285 Dortmund	0231/635931
Gunther Klesener	Arndtstr. 18	58029 Hagen	02331/29572

Abschrift

Sabine Schäfer	Karl-Hofmann-Str. 23	44285 Dortmund	0231/6395313
Gunter Kläsener	Arndstr. 18	58029 Hagen	0231/29572

Für die folgenden 15 Adressen haben Sie 4 Minuten Zeit.

Abschrift

	Name	Straße	PLZ Ort	Telefon
1	Claudia Eichinger	Rheinische Str. 263	44549 Düsseldorf	0211/568972
2	Werner Krämer	Am Kattenbrauk 34	59425 Unna	02303/68247
3	CSD Computer GmbH	Bismarkstr. 57	48145 Münster	0251/73729
4	Christine Schmidt	Dörhofstr. 12	44789 Bochum	0234/56338
5	Dr. W. Bolt	Viermärker Weg 36	58313 Herdecke	0230/48338
6	Julia Hönig	Oespler Str. 67	44532 Lünen	02306/48236
7	Joh. Kügler KG	Gräfingholzstr. 17	58450 Witten	02302/56429
8	Katharina Maisfeld	Vogelpothweg 45	45859 Siegen	0236/86271
9	Kämper GmbH & Co	Tauenzienstr. 45	14199 Berlin	030/832003
10	Jürgen Klez	Schweizer Allee 151	45128 Essen	0201/67878
11	Wolfgang Gutmann	Sieburger Kirchstr. 4	58232 Schwerte	02304/85774
12	Gödde GmbH & Co.	Alter Mühlenweg 20	37037 Göttingen	0551/396-0
13	Hans Meier	Dankwardtstr. 67	50725 Köln	0211/573341
14	Dr. M. Goebel	Witthreuker Str. 347	44265 Dortmund	0231/786544
15	Gebr. Menzel OhG	Am Brauacker 6	42850 Remscheid	0291/537-0

Lösung: Seite 214

Ablaufplan erstellen

Wegen eines dringenden Termins müssen Sie Ihre Bekannten benachrichtigen, dass das gemeinsame Abendessen heute ausfällt. Die Bekannten, die ein Telefon besitzen, können Sie anrufen, die anderen müssen Sie persönlich aufsuchen. Ihre eigene Wohnung hat kein Telefon, Sie dürfen aber das Telefon aufgesuchter Bekannter benutzen.

Ihre Aufgabe ist es, alle Bekannten möglichst schnell zu benachrichten. In der Skizze sind die Wohnungen der Bekannten und die Wegezeiten eingetragen. Für die Benachrichtigung – egal ob persönlich oder telefonisch – brauchen Sie jeweils 2 Minuten. Geben Sie an, in welcher Reihenfolge Sie alles erledigen und wie viel Zeit Sie dafür brauchen.

Für den Test haben Sie 5 Minuten Zeit.

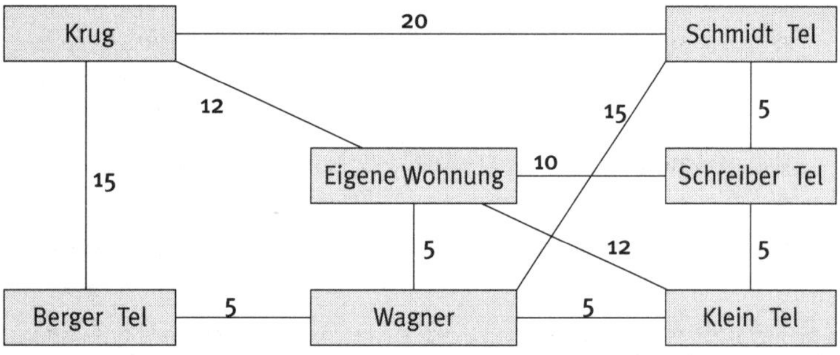

von	nach	Weg in Min.	Nachricht Min.
Wohnung			
	Gesamtzeit in Min.		

Lösung: Seite 215

Portokasse verwalten

Zum jetzigen Termin enthält Ihre Portokasse Briefmarken im Wert von 40,80 Euro. Die Tabelle stellt den Briefmarkenverbrauch für 8 Tage dar. Sie müssen jeweils neue Briefmarken im Wert von 40 Euro kaufen, sobald der Bestand unter 25 Euro gesunken ist. An welchen Tagen müssen Sie neue Briefmarken kaufen und wie viel Geld enthält die Portokasse am Ende?

Für den Test haben Sie 12 Minuten Zeit (mit Taschenrechner).

Markenwerte	1. Tag	2. Tag	3. Tag	4. Tag	5. Tag	6. Tag	7. Tag	8. Tag
2,25 €	2	1	3	3	2	2	3	4
1,53 €	1	–	1	2	–	2	2	1
1,12 €	4	8	6	7	5	10	2	10
0,56 €	5	10	5	5	5	5	10	5
0,51 €	10	4	6	2	4	2	4	2

Lösung: Seite 215

Geld auszahlen

Sie sollen die folgenden Geldbeträge in bar auszahlen. Überlegen Sie, welche Geldsorten Sie dafür benötigen. Sie müssen mit möglichst wenigen Geldscheinen und -münzen auskommen. Wechseln ist nicht erlaubt.

Für den Test haben Sie 6 Minuten Zeit.

Geldsorten	**500**	**200**	**100**	**50**	**20**	**10**	**5**	**2**	**1**	**0,50**
Anzahl										

Beträge:	375,00
	434,50
	186,00
	267,50
	58,50
	560,00
	712,50
	62,00
Summe:	2656,00

Lösung: Seite 216

Karteikarten einsortieren

Sie erhalten die Aufgabe in einer Bibliothek die Karteikarten für die neu angeschafften Bücher einzuordnen und auf 10 Karteikästen gleichmäßig zu verteilen. Die Karteikarten müssen nach dem Buchtitel alphabetisch in die Kästen einsortiert werden. Wie die Aufstellung zeigt, kommen die einzelnen Buchstaben des Alphabets prozentual unterschiedlich oft vor. Verteilen Sie die 26 Buchstaben des Alphabets nun so auf die Karteikästen, dass am Schluss jeder Karteikasten die gleiche Menge von Karten enthält.

Von den Buchtiteln, die Sie alphabetisch einordnen müssen, beginnen jeweils

10 % mit den Anfangsbuchstaben	l v d u
5 % mit den Anfangsbuchstaben	f w b m i s
2,5 % mit den Anfangsbuchstaben	h a j z c o r k
1,25 % mit den Anfangsbuchstaben	n q g p e t y x

Für den Test haben Sie 6 Minuten Zeit.

Karteikasten Buchstaben	**1.**	**2.**	**3.**	**4.**	**5.**

Karteikasten Buchstaben	**6.**	**7.**	**8.**	**9.**	**10.**

Lösung: Seite 216

Persönlichkeitstests

Persönlichkeitstests werden in erster Linie bei der Auswahl von Hochschulabsolventen und Führungskräften eingesetzt. Ausbildungsplatzbewerber müssen jedoch kaum damit rechnen.

Persönlichkeitstests sollen in der Regel über die Selbsteinschätzung der Bewerber Aufschluss geben, was am effektivsten anhand eines Fragebogens zu erreichen ist. Dieser besteht aus einem umfangreichen Katalog von Fragen und Feststellungen, die mit Antwortmöglichkeiten wie »ja« oder »nein«, »stimmt« oder »stimmt nicht« versehen sind; der Bewerber hat die Aufgabe, das für ihn Zutreffende anzukreuzen. Jedem der zu erforschenden Persönlichkeitsmerkmale sind 10 bis 20 Fragen gewidmet. Die Menge der Fragen, die im gleichen Sinne beantwortet werden, lässt auf den Ausprägungsgrad einer Eigenschaft schließen.

Allerdings erfüllt ein solcher Fragebogentest nur dann seinen Zweck, wenn der Bewerber seine Angaben wahrheitsgemäß macht. Das verständliche Bedürfnis, etwa sich in einem besseren Licht darzustellen, führt zu Verfälschungen. Dies versucht man beim Erarbeiten solcher Tests zu verhindern, indem man die Merkmale aus verschiedenen Blickwinkeln angeht und die Fragen untereinander abstimmt. Mit geschickten Kontrollfragen wird schließlich die Aufrichtigkeit der Bewerber auf die Probe gestellt. Dabei geht es meist um alltägliche menschliche Unzulänglichkeiten, die man getrost eingestehen sollte, wenn man nicht als unehrlich eingestuft werden will.

16-Persönlichkeitsfaktoren-Test (16-PF)

R. B. Cattell, G. Schröder, K. A. Schneewind

Der 16-Persönlichkeitsfaktoren-Test besteht aus 192 Aussagen, mit denen 16 grundlegende Persönlichkeitsmerkmale erfasst werden. Jedes Merkmal wird mit zwölf Fragen eingekreist, die meistens neutral formuliert sind, sodass die Zielrichtung nicht eindeutig zu erkennen ist.

Zu jeder Aussage gibt es drei Antwortmöglichkeiten: »stimmt«, »dazwischen« oder »stimmt nicht«. Man sollte allerdings die neutrale Antwort nicht zu oft wählen, weil dann eine sinnvolle Auswertung nicht möglich ist. Außerdem wird man dann leicht als durchschnittlich und entscheidungsschwach beurteilt.

Vereinzelt sind im Test auch Fragen zur Messung der sprachlich-logischen Intelligenz eingestreut. »Flamme verhält sich zu Hitze wie Rose zu: a) Dorn, b) rote Blütenblätter, c) Duft.«

Bei der Auswertung wird das Testergebnis eines Bewerbers grafisch als Persönlichkeitsprofil dargestellt und häufig mit einem Idealprofil verglichen.

Freiburger Persönlichkeitsinventar (FPI)

J. Fahrenberg, R. Hampel, H. Selg

Das an der Freiburger Universität entwickelte FPI enthält in seiner neueren Version 138 Fragen zu Befinden, Verhalten, Einstellungen, Gewohnheiten und körperlichen Beschwerden, die man mit »stimmt« oder »stimmt nicht« beantworten muss.

Damit soll die Persönlichkeit nach folgenden zwölf Kriterien erfasst werden: Lebenszufriedenheit, soziale Orientierung, Leistungsorientierung, Gehemmtheit, Erregbarkeit, Aggressivität, Beanspruchung, körperliche Beschwerden, Gesundheitssorgen, Offenheit, Extraversion, Emotionalität.

Deutsche Personality Research Form (PRF)

H. Stumpf, A. Angleitner, T. Wieck, D. N. Jackson, H. Beloch-Till
Die Deutsche PRF ist eine gekürzte Übersetzung der amerikanischen Originalversion, die an deutsche Verhältnisse angepasst wurde. Sie umfasst 14 Persönlichkeitsskalen und ermöglicht damit eine umfassende, für den Alltag relevante Charakterisierung. Die Schwerpunkte liegen dabei auf der Erfassung des Leistungs- und Sozialverhaltens.

Stellvertretend für die anderen Persönlichkeitstests werden die Merkmale des PRF kurz erläutert, damit Sie sich besser vorstellen können, was damit im Einzelnen untersucht wird.

❶ Leistungsstreben (zielstrebig, fleißig, strebsam, ehrgeizig)
❷ Geselligkeit (gesellig, kontaktfreudig, freundschaftlich, umgänglich, aufgeschlossen)
❸ Aggressivität (aggressiv, streitbar, reizbar, angriffslustig)
❹ Dominanzstreben (dominant, bestimmend, tonangebend, sich durchsetzend)
❺ Ausdauer (ausdauernd, beharrlich, standfest, unermüdlich)
❻ Bedürfnis nach Beachtung (sich zur Schau stellend, auffallend, überschwänglich, großspurig)
❼ Risikovermeidung (vorsichtig, meidet Gefahr, geht keine Risiken ein, leicht beunruhigt)

8. Impulsivität (impulsiv, spontan, kurz entschlossen, unbeständig)
9. Hilfsbereitschaft (fürsorglich, mitfühlend, hilfreich, teilnahmsvoll, beschützend)
10. Ordnungsstreben (ordentlich, diszipliniert, korrekt, systematisch, zuverlässig)
11. Spielerische Grundhaltung (verspielt, lebensfroh, unbekümmert, ausgelassen)
12. Soziales Anerkennungsbedürfnis (sucht Anerkennung, höflich, bemüht um guten Ruf, förmlich)
13. Anlehnungsbedürfnis (sucht Unterstützung, lässt sich gerne beraten, hilfsbedürftig, zutraulich)
14. Allgemeine Interessiertheit (wissbegierig, interessiert, überlegend, verstandesgeprägt)

Projektive Testverfahren

Neben den Fragebogenverfahren können Ihnen auch projektive Tests begegnen. Dabei bekommt die Testperson mehrdeutiges Reizmaterial wie Tintenkleckse, Bilder, unvollständige Zeichnungen oder Texte vorgelegt. Sie wird dann aufgefordert, diese Reize zu deuten. Aus den Deutungen schließt man auf die zu Grunde liegende Persönlichkeitsstruktur. Am häufigsten werden folgende Tests angewendet:

Der **Rorschach-Test**: Sie müssen zehn Tafeln mit Klecksbildern interpretieren.

Der **TAT** (Thematischer Apperzeptions- [= bewusstes Erfassen von Wahrnehmungen]-Test): Sie müssen zu einer Reihe von mehrdeutigen Bildern Geschichten erfinden.

Der **Satzergänzungstest:** Sie müssen angefangene Sätze mit spontanen Einfällen und Gedanken ergänzen.

Da diese Tests die wissenschaftlichen Standards nicht erfüllen, die Interpretation der Antworten völlig vom subjektiven Urteil des Testers abhängt und kein Bezug zum Berufsleben besteht, sind sie für die Bewerberauswahl nicht geeignet.

Typische Fragen aus Persönlichkeitstests

Die folgenden Beispiele enthalten typische Fragen bzw. Feststellungen, wie sie in Persönlichkeitstests vorkommen. Die zu einer Gruppe zusammengefassten Fragen sollten jeweils ein Merkmal erfassen. Überlegen Sie sich, welche Merkmale im Einzelnen untersucht werden sollen. Auf Seite 164 können Sie anschließend nachlesen, ob Sie richtig getippt haben.

A *Merkmal:*	stimmt	stimmt nicht
1. Ich arbeite nur, weil ich Geld verdienen muss.	☐	☐
2. Ich arbeite an schwierigen Aufgaben auch weiter, wenn andere schon aufgegeben haben.	☐	☐
3. Ich arbeite nur so viel, dass ich davon leben kann.	☐	☐
4. Ich bin sehr ehrgeizig und möchte gerne mehr leisten als andere.	☐	☐
5. Ich würde lieber nach Arbeitsleistung als nach Stunden bezahlt werden.	☐	☐

A *(Forts.) Merkmal:*	stimmt	stimmt nicht
6. Ich arbeite manchmal so viel, dass ich andere Dinge vernachlässige.	☐	☐
7. Wenn ich nicht kontrolliert werde, arbeite ich weniger sorgfältig.	☐	☐
8. Ich habe Spaß an Aufgaben, die mich herausfordern.	☐	☐

B *Merkmal:*	stimmt	stimmt nicht
1. Ich arbeite lieber mit anderen zusammen als allein.	☐	☐
2. Partys machen mir eigentlich keinen Spaß.	☐	☐
3. Ich verbringe viel Zeit damit, Bekannte zu besuchen.	☐	☐
4. Es fällt mir schwer, den richtigen Gesprächsstoff zu finden, wenn ich jemanden kennen lernen will.	☐	☐
5. In Gegenwart anderer halte ich mich eher zurück.	☐	☐
6. Ich kann eine langweilige Party in Schwung bringen.	☐	☐
7. Im Umgang mit anderen Leuten bin ich ungeschickt.	☐	☐
8. Es macht mir Spaß, Gäste einzuladen und sie zu unterhalten.	☐	☐

C *Merkmal:*	stimmt	stimmt nicht
1. An einem unaufgeräumten Schreibtisch kann ich nicht arbeiten.	☐	☐
2. Wenn ich aus dem Haus gehe, achte ich kaum auf mein Aussehen.	☐	☐
3. Ich halte mich nicht gerne in einem Raum auf, wo viel Unordnung ist.	☐	☐
4. Ich habe keinen genauen Überblick über meine Ausgaben in den letzten Wochen.	☐	☐
5. Bevor ich mit der Arbeit beginne, lege ich mir alles zurecht.	☐	☐
6. Ich räume selten mein Zimmer oder meinen Schreibtisch auf.	☐	☐
7. Ich habe oft Schwierigkeiten, meine Sachen wiederzufinden.	☐	☐
8. Ich plane meine Arbeit genau.	☐	☐

D *Merkmal:*	stimmt	stimmt nicht
1. Es fällt mir schwer, vor einer großen Gruppe zu sprechen.	☐	☐
2. Ich bin leicht gekränkt, wenn andere an meiner Arbeit etwas aussetzen.	☐	☐
3. Ich habe ein sicheres Auftreten.	☐	☐
4. Über ein schlechtes Essen im Restaurant würde ich mich beschweren.	☐	☐
5. Mit Fremden ins Gespräch zu kommen fällt mir schwer.	☐	☐

D *(Forts.) Merkmal:*	stimmt	stimmt nicht
6. In Gesellschaft fühle ich mich etwas unbeholfen.	☐	☐
7. Wenn andere mich beobachten, ist mir das unangenehm.	☐	☐
8. In vielen Situationen stört mich meine Schüchternheit.	☐	☐

E *Merkmal:*	stimmt	stimmt nicht
1. Ich folge oft spontanen Einfällen.	☐	☐
2. Ich sage häufig das Erstbeste, was mir in den Sinn kommt.	☐	☐
3. Gelegentlich passiert es, dass ich andere durch eine unüberlegte Bemerkung verletze.	☐	☐
4. Das, was ich sage, ist meistens wohl überlegt.	☐	☐
5. Manchmal mache ich etwas einfach aus einer Laune heraus.	☐	☐
6. Gewöhnlich denke ich erst nach, bevor ich etwas tue.	☐	☐
7. Ich unternehme gerne etwas, bei dem schnelles Handeln erforderlich ist.	☐	☐
8. Ich mache gerne aus Spaß verrückte Dinge.	☐	☐

F *Merkmal:*	stimmt	stimmt nicht
1. Ich werde leicht ärgerlich.	☐	☐
2. Ich bin bestrebt, jeden Streit zu vermeiden.	☐	☐
3. Es macht mir Spaß, andere lächerlich zu machen.	☐	☐
4. Ich kann so wütend werden, dass ich irgendetwas zerschlage.	☐	☐
5. Ich wünsche anderen nichts Schlechtes, auch wenn ich sie nicht leiden kann.	☐	☐
6. Ich habe Freude daran, wenn andere sich blamieren.	☐	☐
7. Ich verliere leicht die Geduld und werde wütend.	☐	☐
8. Wenn mir jemand Unrecht getan hat, wünsche ich ihm Böses.	☐	☐

G *Merkmal:*	stimmt	stimmt nicht
1. Ich mag keine Arbeiten, die viel Geduld erfordern.	☐	☐
2. Ich führe alle Arbeiten zu Ende, auch wenn sie lange dauern.	☐	☐
3. Bei Schwierigkeiten gebe ich schnell auf.	☐	☐
4. Ich arbeite so lange an einem Problem, bis ich es gelöst habe.	☐	☐
5. Ich arbeite auch an einer Aufgabe weiter, wenn andere schon aufgegeben haben.	☐	☐

G *(Forts.) Merkmal:*	stimmt	stimmt nicht
6. An einer wichtigen Aufgabe arbeite ich auch mit Kopfschmerzen weiter.	☐	☐

H *Merkmal:*	stimmt	stimmt nicht
1. Ich vermeide es, Leute und deren Ansichten zu kritisieren.	☐	☐
2. Ich treffe meine Entscheidungen selbstständig und unabhängig.	☐	☐
3. Ich vermeide es, etwas zu sagen, was andere in Verlegenheit bringen könnte.	☐	☐
4. Ich erledige alles gern nach meinen Vorstellungen.	☐	☐
5. In Gesellschaft ist mein Benehmen meistens besser als zu Hause.	☐	☐
6. Es fällt mir schwer, meinen Bekannten gegenüber eine andere Ansicht zu vertreten.	☐	☐

I *Merkmal:*	stimmt	stimmt nicht
1. Ich habe meistens gute Laune.	☐	☐
2. Manchmal fühle ich mich bedrückt, ohne dass ich weiß, warum.	☐	☐
3. Ich blicke gewöhnlich sehr zuversichtlich in die Zukunft.	☐	☐
4. Ich bin selten in bedrückter Stimmung.	☐	☐

I	*(Forts.) Merkmal*	stimmt	stimmt nicht
5.	Im Großen und Ganzen bin ich mit meinem Leben zufrieden.	☐	☐
6.	Oft habe ich alles gründlich satt.	☐	☐

J	*Merkmal:*	stimmt	stimmt nicht
1.	Ich habe oft Kopfschmerzen.	☐	☐
2.	Wenn ich ins Bett gehe, schlafe ich gewöhnlich schnell ein.	☐	☐
3.	Ich bekomme leicht Herzklopfen.	☐	☐
4.	Ich habe einen empfindlichen Magen.	☐	☐
5.	Mir wird leicht übel.	☐	☐
6.	Ich habe meistens Schwierigkeiten einzuschlafen.	☐	☐
7.	Manchmal habe ich das Gefühl, einen Kloß im Hals zu haben.	☐	☐
8.	Ich habe häufiger kalte Hände oder Füße.	☐	☐

Haben Sie die einzelnen Persönlichkeitsmerkmale herausgefunden? Nachfolgend sind sie aufgeführt. Die Adjektive beschreiben jeweils die entgegengesetzten Pole.

A Leistungsstreben (fleißig, leistungsorientiert – wenig leistungsorientiert, nicht ehrgeizig)
B Geselligkeit, Kontaktfähigkeit (gesellig, kontaktfreudig – ungesellig, zurückhaltend)
C Ordnung (ordentlich, korrekt – unordentlich)

D Selbstsicherheit (selbstsicher, gewandt – unsicher, gehemmt)
E Impulsivität (impulsiv, spontan – besonnen, überlegt)
F Aggression (aggressiv, streitbar – friedfertig, kontrolliert)
G Ausdauer (ausdauernd, beharrlich – wenig ausdauernd)
H Anpassung (angepasst, konform – eigenständig, unabhängig)
I Zufriedenheit (zufrieden, zuversichtlich – unzufrieden, bedrückt)
J Psychosomatische Beschwerden (psychosomatisch gestört, empfindlich – nicht gestört, robust)

Auswahlverfahren Assessment-Center

Was ist ein Assessment-Center?

Je anspruchsvoller eine Position ist, umso sorgfältiger werden die Bewerber ausgewählt. Fachwissen allein reicht oft nicht aus, soziale Kompetenz und Persönlichkeit sind gefragt. Es geht um den richtigen Umgang mit Mitmenschen, um Teamfähigkeit und Führungsverhalten. Um diese Qualifikationsmerkmale festzustellen, führen Unternehmen immer häufiger Assessment-Center durch.

Im Assessment-Center werden die Teilnehmer mit Situationen, Aufgaben und Problemen konfrontiert, denen sie auch im beruflichen Alltag begegnen können. Während der einzelnen Übungen werden sie systematisch beobachtet und zugleich wird ihre Eignung im Hinblick auf vorher festgesetzte Anforderungen begutachtet. Die Beobachter tragen ihre Eindrücke und Bewertungen in vorbereitete Beobachtungsprotokolle ein.

Je nach dem Schwerpunkt der einzelnen Übungen werden die folgenden Merkmale und Fähigkeiten der Teilnehmer beobachtet und bewertet:

- Fähigkeit zu systematischem Denken und Handeln
- soziale Kompetenz
- Aktivität und Motivation
- Auftreten und Persönlichkeit

Am Ende des Assessment-Centers beraten sich die Gutachter über die Leistungen der Teilnehmer, und jeder erfährt in einem Einzelgespräch, wie er abgeschnitten hat und auf welchen Beobachtungen dieses Ergebnis beruht. Die Teilnehmer werden über ihre Stärken und Schwächen informiert und erhalten häufig Empfehlungen für ihre berufliche Zukunft oder Tipps, wodurch sie ihr Verhalten verbessern können.

Durch die Kombination unterschiedlicher Beurteilungsmethoden weist das Assessment-Center-Verfahren eine höhere Treffsicherheit auf als andere Auswahlverfahren. Außerdem wird es von den meisten Bewerbern akzeptiert und als sehr fair empfunden. Da die Durchführung eines AC mit hohen Kosten verbunden ist, werden häufig auch Kurz-ACs von wenigen Stunden durchgeführt.

Ein AC zeichnet sich gegenüber anderen Auswahlverfahren durch folgende Merkmale und Vorteile aus:

- Die Bewertung der Teilnehmer erfolgt durch mehrere Beurteiler, sodass Fehleinschätzungen eines Einzelnen abgeschwächt werden.
- Durch den Einsatz unterschiedlicher Beurteilungsverfahren wird die Aussagekraft erhöht.
- Die Eignung wird nicht global erfasst, sondern im Hinblick auf konkrete Anforderungen bestimmter Tätigkeiten.
- Die Übungen und Aufgaben im Assessment-Center werden praxisorientiert konstruiert, sodass sich die Ergebnisse auf den Berufsalltag übertragen lassen.
- Die Teilnehmer arbeiten bei vielen Übungen in der Gruppe, sodass man beobachten kann, welche Rollen sie in der Gruppe einnehmen.

- Das Assessment-Center besitzt eine große Transparenz.
- Jeder Teilnehmer erhält eine Rückmeldung, wie sein Verhalten beurteilt wurde und wo seine Stärken und Schwächen liegen.

Die Übungen im AC

Die Übungen des AC lassen sich in Einzel- und Gruppenübungen, in mündliche und schriftliche Übungen einteilen. Sie werden im Hinblick auf die zu besetzende Stelle konstruiert, wenn es sich um ein qualitativ hoch stehendes AC handelt. Welche Verhaltensweisen erwartet werden, wird vorher festgelegt, und entsprechend fertigen die Beobachter während der Übung Beobachtungsprotokolle.

Besonders die im Folgenden kurz vorgestellten Übungen werden im Assessment-Center eingesetzt.

Gruppendiskussionen

Gruppendiskussionen werden, in verschiedenen Varianten, in jedem AC eingesetzt. Man unterscheidet führerlose Gruppendiskussionen, wobei alle Teilnehmer gleichberechtigt sind, von Diskussionen mit einem Gesprächsleiter sowie Diskussionen mit und ohne Rollenvorgabe. Die Themen stammen teils aus dem beruflichen Alltag, teils handelt es sich um allgemeine gesellschaftliche Themen. Manchmal können die Teilnehmer das Diskussionsthema auch selbst wählen, was einen zusätzlichen Reiz bieten kann. Die Gruppengröße beträgt meistens fünf bis sieben Personen.

In Gruppendiskussionen zeigt sich, wie jemand mit anderen

Menschen umgehen kann. Gewöhnlich kommt es darauf an, sich nicht auf Kosten anderer durchzusetzen, sondern einen Mittelweg zwischen den eigenen und den Gruppeninteressen zu finden. Einerseits müssen Sie Ihre eigenen Vorstellungen und Meinungen vertreten und durchsetzen, andererseits die Vorstellungen der anderen ausreichend berücksichtigen, um ein gemeinsames Gruppenergebnis zu erreichen.

In Gruppendiskussionen können Eigenschaften wie Kommunikationsfähigkeit, Kooperationsbereitschaft, Integrationsverhalten, Überzeugungsfähigkeit, Durchsetzungsvermögen, Aktivität, Flexibilität, verbale Gewandtheit, Belastbarkeit, Einfühlungsvermögen und Führungsverhalten beobachtet werden.

Führerlose Gruppendiskussionen

Um herauszufinden, welche Position der Einzelne innerhalb einer Gruppe für sich beansprucht, veranstaltet man die führerlose Gruppendiskussion, bei der keine Rollen vorgegeben sind. Dabei stellt sich sehr schnell heraus, wer dominieren möchte und wer sich eher zurücknimmt, wer die Konfrontation nicht scheut und wer auf Ausgleich bedacht ist.

Was die Beobachter hier vor allem interessiert, sind das allgemeine Diskussionsverhalten, die Überzeugungskraft und die Argumentationsstärke der einzelnen Teilnehmer.

Beispiel

Der neue Vorgesetzte
Nehmen Sie an, Sie werden demnächst Vorgesetzter des Teams, in dem Sie bisher gearbeitet haben. Welche Schwierigkeiten könnten sich daraus ergeben? Diskutieren Sie diese, und wie Sie ihnen entgegenwirken können.

Beispiel

Kartenspiel
Auf dem Tisch liegen Karten mit verschiedenen Themen. »Einigen Sie sich auf ein Thema und diskutieren Sie dann gemeinsam.« Zeitvorgabe 40 Minuten.
Zum Beispiel können folgende Themen auf den Karten stehen:

- **Welche Meinung haben Sie zur Europäischen Währungsunion?**
- **Sollte das Rauchen in öffentlichen Gebäuden grundsätzlich verboten werden?**
- **Was würden Sie gegen das Alkoholproblem in Ihrer Firma unternehmen?**
- **Wie motiviert man am besten seine Mitarbeiter?**
- **Welche Eigenschaften erwarten Sie von einer guten Führungskraft?**

Bei dieser Übung sollten Sie beachten, dass der Prozess, wie die Einigung auf ein Thema zustande kommt, kein unwichtiges Vorspiel, sondern die eigentliche, wesentliche Beobachtungsphase ist.

Gruppendiskussion mit verteilten Rollen

Jedem Diskussionsteilnehmer wird eine Rolle zugewiesen, die er zu vertreten hat. Die Rollen sind mit Bedacht so angelegt, dass verschiedene Interessen zwangsläufig kollidieren. Den Teilnehmern ist aufgegeben, möglichst die eigene Überzeugung durchzusetzen und ein Ergebnis herbeizuführen, das alle akzeptieren können. Das heißt, die unterschiedlichen Standpunkte müssen einander angenähert werden, und die Diskutierenden müssen Kooperationsbereitschaft zeigen, um gemeinsam zu einer optimalen Lösung zu kommen. Aus ihren

Verhaltensweisen gewinnen die Beobachter Erkenntnisse zu Sozialverhalten, Durchsetzungsvermögen oder Denkfähigkeit, die sich auf vergleichbare Situationen im Arbeitsalltag übertragen lassen. Ein bekanntes Beispiel ist die Dienstwagenübung.

Beispiel

Der neue Dienstwagen
Die Teilnehmer einer Gruppendiskussion sollten entscheiden, wer von sechs Außendienstmitarbeitern den neuen Dienstwagen bekommen soll. Für jeden Teilnehmer gibt es unterschiedliche Rollenvorgaben, die zu Interessenkonflikten führen.

Verhaltenstipps

In Gruppendiskussionen empfiehlt sich folgendes Verhalten:

- Lässt das Thema unterschiedliche Interpretationen zu, einigen Sie sich zu Beginn, wie das Thema zu verstehen ist und welche Ergebnisse erreicht werden sollen.
- Hören Sie gut zu, wenn die anderen Gruppenmitglieder reden. Nur dann können Sie richtig auf deren Argumente eingehen, sie weiterführen oder widerlegen.
- Unterbrechen Sie andere nicht, wenn Sie nicht der gleichen Meinung sind.
- Fassen Sie zwischendurch den Stand der Diskussion zusammen, und machen Sie weiterführende Vorschläge.
- Greifen Sie vermittelnd ein, wenn z.B. Konflikte auftreten oder andere nicht zu Wort kommen.
- Ergreifen Sie die Initiative, wenn die Diskussion nicht in Gang oder nicht weiterkommt.
- Reden Sie nicht zu viel, sodass andere nicht zu Wort kommen. Halten Sie sich aber auch nicht zu sehr zurück.
- Bleiben Sie ruhig und sachlich, wenn Sie angegriffen werden.

Geführte Diskussionen

Bei der geführten Diskussion wird ein Diskussionsleiter bestimmt. Er wird daraufhin beobachtet, wie gut er die Diskussion leitet. Als Diskussionleiter müssen Sie dafür sorgen, dass die Gruppe konstruktiv arbeitet, jeder seine Meinung äußern kann, die Diskussion vorankommt und die Ziele erreicht werden. Wie gut Sie die Diskussion steuern können, zeigt sich besonders, wenn Konflikte auftreten oder die Diskussion nicht mehr weiterkommt.

Postkorbübung

Die Postkorbübung gehört zu den schriftlichen Einzelübungen und fehlt in kaum einem Assessment-Center. Die Teilnehmer müssen ungefähr 15 bis 20 Briefe bzw. Schriftstücke mit privaten und dienstlichen Vorfällen in Form eines simulierten Posteingangs bearbeiten. Es müssen z.B. Entscheidungen getroffen, Informationen eingeholt, Stellungnahmen abgegeben oder Aufgaben an andere Personen delegiert werden. Ihre Lösungen bzw. Entscheidungen und auch die Reihenfolge, in der Sie alles erledigen wollen, müssen Sie auf vorbereitete Bögen notieren. Bei einer Reihe von Fällen gibt es nicht nur eine richtige Lösung, sondern verschiedene Lösungsmöglichkeiten. Dann kommt es darauf an, wie Sie eine Entscheidung jeweils begründen.

In der Instruktion erhalten Sie Informationen zu den Rahmenbedingungen, die Sie bei der Bearbeitung berücksichtigen müssen, z.B. welche Funktion Sie haben, welche Termine und Fristen Sie beachten müssen, welche Personen für bestimmte Aufgaben zur Verfügung stehen. Für die Bearbeitung des Postkorbs hat man gewöhnlich etwa eine Stunde Zeit.

Beispiel

Die Instruktion für die **Postkorbübung** könnte beispielsweise so lauten:

Bitte versetzen Sie sich in die Rolle des Abteilungsleiters Herrn X. Es ist 16 Uhr. Sie sind eben nach Hause zurückgekommen und müssen morgen früh zu einer fünftägigen Geschäftsreise aufbrechen. In Ihrem Postkorb finden Sie eine Reihe von Notizen, Briefen und Vorlagen, die Sie unbedingt bearbeiten müssen. Von Ihrer Familie ist niemand zu Hause. Sie können nicht telefonieren, da Ihr Telefon gestört ist. Sie haben 300 Euro Bargeld und nur noch einen Scheck zur Verfügung. Zwischen 17 und 19 Uhr müssen Sie dringend noch einige Dinge in der Stadt erledigen. Die Informationen dazu stehen auf einem eigenen Blatt. Bitte erledigen Sie alle Dinge Ihres Postkorbes, und notieren Sie, in welcher Reihenfolge Sie Ihre Zeit strukturieren wollen.
Zu Ihrem Haushalt gehören folgende Personen:

1. …
2. …
3. …
4. …
5. …

Für die Bearbeitung der Aufgabe haben Sie 60 Minuten Zeit.

Im Anschluss an die Postkorbübung bekommen Sie häufig Gelegenheit, im Gespräch mit einem Beobachter Ihre Entscheidungen zu erläutern und zu begründen.

Mit der Postkorbübung werden folgende Fähigkeiten und Merkmale untersucht: Auffassungsgabe, Entscheidungsfähigkeit, Planung und Organisation, analytisches Denkvermögen, Belastbarkeit, Delegationsverhalten.

Da die zur Verfügung stehende Zeit begrenzt ist, können Sie

nicht alles selbst erledigen. Eine gute Entscheidungshilfe ist dabei die Unterscheidung nach Wichtigkeit und Dringlichkeit der jeweiligen Aufgabe. Entscheiden Sie zuerst immer, wie wichtig eine Sache ist, und legen Sie dann aufgrund der gesetzten Termine die Dringlichkeit fest.

Die Prioritäten können Sie dann folgendermaßen festlegen:

- Wichtige und dringliche Aufgaben sollten Sie selbst und sofort erledigen.
- Wichtige, aber nicht so dringliche Aufgaben können Sie auf später verschieben, wenn Sie diese in Ruhe erledigen können.
- Weniger wichtige, aber dringliche Aufgaben sollten Sie an andere delegieren.
- Völlig unwichtige Vorgänge brauchen Sie gar nicht zu bearbeiten.

Verhaltenstipps

Bei der Postkorbübung sollten Sie auf Folgendes achten:

- **Lesen Sie die Instruktionen genau durch. Beachten Sie die Rahmenbedingungen bei Ihren Entscheidungen. Sie dürfen diese nicht abändern.**
- **Verschaffen Sie sich zuerst einen Überblick über alle Schriftstücke und die damit verbundenen Aufgaben, und tragen Sie alles in einen Terminplan ein.**
- **Setzen Sie Prioritäten, indem Sie die Aufgaben nach Wichtigkeit und Dringlichkeit einstufen.**
- **Legen Sie dann fest, in welcher Reihenfolge Sie alles erledigen wollen.**
- **Achten Sie bei der Durchsicht der Unterlagen auf zeitliche Überschneidungen und inhaltliche Zusammenhänge.**

Vorträge und Präsentationen

Hier müssen die Teilnehmer einen Kurzvortrag über ein vorgegebenes Thema halten oder die Ergebnisse einer vorher bearbeiteten Aufgabe präsentieren. Für die Vorbereitung und für den Vortrag bekommen Sie gewöhnlich Zeitvorgaben.

Folgende Themen können Ihnen gestellt werden:

1. Selbstvorstellung
   Sie müssen sich selbst und die wesentlichen Stationen Ihres Werdegangs vorstellen.
2. Stellen Sie Ihre Diplomarbeit dar.
   Es kommt darauf an, in knapper Form ein Fachthema verständlich, anschaulich und gut strukturiert vorzutragen.
3. Sie haben sich bei uns als ... beworben. Schildern Sie, wie Sie sich den Arbeitsalltag als ... vorstellen und welche Fähigkeiten und Eigenschaften Sie für diese Tätigkeit als wichtig einschätzen.
   Der Vortrag gibt zu erkennen, ob die Vorstellungen des Bewerbers von der angestrebten Tätigkeit realistisch sind und ob er sich ausreichend darüber informiert hat.
4. Präsentation der Ergebnisse einer Fallstudie oder der Arbeitsergebnisse einer Gruppenaufgabe
   Hier kommt es neben dem Inhalt auf die Art und Weise des Vortrags an. Dabei werden die sprachliche Ausdrucksfähigkeit (zum Beispiel flüssiges Sprechen, Satzbau) und das allgemeine Auftreten (Selbstsicherheit, Gestik, Blickkontakt) beobachtet.

Verhaltenstipps

Bei **Vorträgen** und **Präsentationen** bewährt sich Folgendes:

- Versuchen Sie, durch einen interessanten Einstieg die Aufmerksamkeit der Zuhörer zu gewinnen.
- Sagen Sie zu Beginn, über welches Thema Sie sprechen wollen bzw. um welche Fragestellung es geht. Geben Sie bei einem längeren Vortrag einen Überblick über die einzelnen Gliederungspunkte.
- Schauen Sie beim Sprechen die Zuhörer an und lächeln Sie gelegentlich.
- Nutzen Sie Hilfsmittel wie Flipchart oder Overheadprojektor.
- Behalten Sie Ihr Thema im Auge, und verlieren Sie sich nicht in Nebensächlichkeiten, da sonst die vorgegebene Zeit nicht reicht.
- Stellen Sie sich auf die jeweiligen Zuhörer ein. Bemühen Sie sich bei einem Fachthema wie der Darstellung Ihrer Diplomarbeit um eine verständliche Sprache und um Anschaulichkeit, denn die Zuhörer sind gewöhnlich keine Experten auf dem Gebiet.
- Fassen Sie gegebenenfalls zum Schluss das Wichtigste noch einmal zusammen.
- Achten Sie auf Ihre Körpersprache und halten Sie Blickkontakt.

Rollenspiele

Bei Rollenspielen werden schwierige Gesprächssituationen aus dem beruflichen Alltag simuliert. Je nach Tätigkeit, für die die Bewerber ausgewählt werden sollen, wird z.B. ein Verkaufsgespräch, eine Kundenreklamation oder ein Mitarbeitergespräch durchgeführt.

Gewöhnlich wird die Rolle des Gesprächspartners von einem der Beobachter übernommen, sodass für alle Teilnehmer gleiche Bedingungen vorliegen.

Der Bewerber erhält zunächst alle Informationen, die er für seine Rolle braucht:

- persönliche und berufliche Daten wie Name, Alter, Position
- eine Beschreibung der Situation und des Problems, das besprochen werden soll
- Informationen über seinen Gesprächspartner

Beispiel

Verkaufsgespräch

Sie bekommen die Aufgabe, ein Verkaufsgespräch mit einem anspruchsvollen Kunden zu führen. Die Beobachter richten ihr Augenmerk während des Gesprächs besonders auf Ihre Argumentationsfähigkeit, das Eingehen auf den Kunden und die Anpassung an neue Situationen.

Nach einer kurzen Vorbereitungszeit beginnt dann das Rollenspiel, das gewöhnlich etwa 15 Minuten dauert.

Interviewsimulationen dienen besonders zur Beobachtung sozialer Fähigkeiten des Bewerbers wie Einfühlungsvermögen, Kontakt- und Kommunikationsfähigkeit, Verhandlungsgeschick, Durchsetzungsvermögen, Überzeugungskraft, Belastbarkeit, Führungsstil.

Verhaltenstipps

Beim Verkaufsgespräch empfiehlt sich Folgendes:

- Stellen Sie sich und Ihre Firma zuerst kurz vor. Sagen Sie etwas Nettes, um eine positive Beziehung zum Kunden herzustellen.
- Fragen Sie den Kunden möglichst genau nach seinen Wünschen, bevor Sie ein konkretes Angebot machen.
- Stellen Sie Fragen und lassen Sie den Kunden reden. Hören Sie aufmerksam zu.
- Gehen Sie korrekt auf Fragen und Einwände des Kunden ein.
- Bleiben Sie bei Meinungsverschiedenheiten und Konflikten ruhig. Machen Sie konstruktive Lösungsvorschläge.
- Vermeiden Sie, den Kunden zu drängen oder in die Enge zu treiben.
- Fassen Sie zwischendurch die Gesprächsergebnisse zusammen.

Beispiel

Mitarbeitergespräch

Mitarbeitergespräche können folgende Themen zum Inhalt haben: nachlassende Leistungen, Entgegennahme von Beschwerden, Alkoholprobleme, familiäre Probleme, Konflikte mit Mitarbeitern. Der Teilnehmer erhält alle nötigen Informationen zu dem gestellten Thema und eine gewisse Zeitspanne zur Vorbereitung. Dann hat er in der Rolle des Vorgesetzten das Mitarbeitergespräch zu führen. Für die Beobachter von Bedeutung ist die geschickte Gesprächsführung und die Qualität des Ergebnisses.

Verhaltenstipps

Beim **Mitarbeitergespräch** empfiehlt sich Folgendes:

- Bemühen Sie sich, eine angenehme Gesprächsatmosphäre zu schaffen (z.B. durch höfliches, kooperatives Verhalten, keine verschränkten Arme, Blickkontakt beobachten, Lächeln, um ernste Situationen zu entkrampfen, evtl. Verständnis zeigen).
- Nennen Sie zu Beginn den Anlass und das Ziel des Gespräches.
- Stellen Sie Fragen, um die Situation zu klären. Hören Sie dann aufmerksam zu.
- Üben Sie keine versteckte Kritik.
- Geben Sie dem Mitarbeiter ausreichend Gelegenheit, seine Situation und die Gründe für sein Verhalten zu erläutern.
- Gehen Sie auf die Argumente Ihres Gegenübers ein. Geben Sie eigene Fehler offen zu.
- Entwickeln Sie gemeinsam Lösungsvorschläge.

Einzelinterviews

Das Interview entspricht dem Vorstellungsgespräch und dient dazu, einen ersten persönlichen Eindruck vom Bewerber zu gewinnen. Im Gespräch werden folgende Themen angesprochen: bisheriger Werdegang, persönliche Situation, Selbsteinschätzung, Interesse an der Aufgabe, berufliche Zielvorstellungen.

Bereiten Sie sich besonders auf die folgenden Fragen gründlich vor und notieren Sie sich dazu Stichpunkte. Die kurzen Kommentare geben Ihnen Hilfen für Ihre Antwort.

Frage: *Bitte schildern Sie kurz Ihren bisherigen Werdegang.* (Können Sie sich gut verkaufen? Kommentieren Sie die wichtigsten Stationen in Ihrem Leben. Sagen Sie auch, warum Sie einen bestimmten Weg eingeschlagen haben. Heben Sie besonders das hervor, was im Hinblick auf die angestrebte Stelle wichtig ist.)

Frage: *Warum möchten Sie gerade bei uns arbeiten?*
(Woher kennen Sie die Firma? Wie gezielt ist Ihre Bewerbung? Zeigen Sie für die Firma ein besonderes Interesse oder suchen Sie nur irgendeine Stelle?)

Frage: *Wie stellen Sie sich Ihre Tätigkeit bei uns vor?*
(Haben Sie realistische Vorstellungen von den Aufgaben der angestrebten Stelle und Ihren Fähigkeiten? Haben Sie sich vorab ausreichend über die Tätigkeit informiert?)

Frage: *Was sind Ihre besonderen Stärken?*
(Können Sie sich realistisch einschätzen? Wie groß ist Ihr Selbstvertrauen? Entsprechen Ihre Stärken den Anforderungen der Stelle?)

Frage: *Was sind Ihre besonderen Schwächen?*
(Wie selbstkritisch sind Sie? Wie relevant sind die Schwächen für die angestrebte Stelle? Lassen sich fachliche Schwächen kurzfristig abbauen? – Zeigen Sie keine zu große Offenheit.)

Frage: *Was verstehen Sie unter Erfolg? Nennen Sie Ihre größten Erfolge/Misserfolge!*
(Was verstehen Sie überhaupt unter Erfolg? Liegen Ihre Erfolge mehr im beruflichen oder mehr im privaten Bereich? Wie selbstkritisch sind Sie? Welche Konsequenzen haben Sie aus Misserfolgen gezogen?)

Frage: *Wie sehen Ihre beruflichen Zielvorstellungen aus?*
(Haben Sie Berufspläne? Wie ehrgeizig sind Sie? Sind Ihre Einschätzungen realistisch? – Zeigen Sie, dass Sie weiterkommen wollen, aber geben Sie keine unrealistischen Antworten.)

Frage: *Warum sollten wir gerade Sie einstellen? Warum glauben Sie, dass Sie für den Job geeignet sind?*
(Ihr Selbstbewusstsein wird überprüft. Sie müssen die wichtigsten Argumente zusammenfassen, die für Sie sprechen. Zeigen Sie, dass Sie die Anforderungen der Stelle mit Ihren Fähigkeiten und Eigenschaften genau abdecken.)

Psychologische Testverfahren
Hier werden die gängigen psychologischen Testverfahren aus den Bereichen Intelligenz-, Leistungs- und Persönlichkeitstests eingesetzt. Die Tests müssen den wissenschaftlichen Gütekriterien genügen, um aussagefähig zu sein.

Mit Intelligenztests will man Informationen über das allgemeine Intelligenzniveau und über spezielle Merkmale wie Abstraktionsvermögen, analytisches und logisches Denken gewinnen. Leistungs- und Fähigkeitstests sollten Eigenschaften wie Konzentration, Belastbarkeit und das Leistungstempo erfassen.

Oft werden im AC auch Persönlichkeitstests eingesetzt, um Aufschluss über die Persönlichkeitsstruktur der Teilnehmer zu gewinnen. Die Testergebnisse werden als Profil dargestellt und können auf diese Weise mit Profilen erfolgreicher Mitarbeiter verglichen werden.

Kurzfälle und Fallstudien

Fallbearbeitungen gehören zu den schriftlichen Einzelübungen. Die Teilnehmer erhalten Informationsmaterial zu einem Problem und müssen dann schriftliche Lösungsvorschläge machen.

Man unterscheidet zwei Arten von Fallbearbeitungen: Bei Fallstudien müssen die Teilnehmer relativ komplexe Problemfälle bearbeiten. Dazu werden ihnen detaillierte Hintergrundinformationen zur Verfügung gestellt. Die Aufgabe besteht darin, aufgrund der Informationen die Situation ausführlich zu analysieren, die Problemstellung zu erkennen, Lösungsvorschläge auszuarbeiten und diese in übersichtlicher und verständlicher Form zu Papier zu bringen. Manchmal dient die schriftliche Fallausarbeitung auch als Basis für eine Präsentation.

Im Gegensatz dazu wird bei Kurzfällen das Problem in wenigen Sätzen geschildert. Meistens handelt es sich dabei um kritische Situationen, wie sie in der angestrebten Tätigkeit auftreten können. Hier brauchen Sie keine ausführliche Analyse zu erstellen, sondern können die Antworten kurz und knapp halten.

Bei Fallstudien will man erfahren, ob Sie Probleme schnell erkennen und angemessene Lösungen finden können. Im Einzelnen geht es um die Merkmale fachliches Wissen, Auffassungsgabe, analytisches Denkvermögen, Entscheidungsfähigkeit und Belastbarkeit.

Verhaltenstipps

Bei **Fallstudien** sollten Sie einige Punkte beachten:

- Gehen Sie systematisch an die Aufgabe heran.
- Lesen Sie das Informationsmaterial genau durch und machen Sie sich Stichpunkte zu wichtigen Angaben.
- Berücksichtigen Sie bei den Lösungsvorschlägen alle wesentlichen Aspekte, und vergessen Sie nicht, Ihre Entscheidungen zu begründen.
- Dokumentieren Sie Ihre Lösungen ausreichend, sodass jeder nachvollziehen kann, wie Sie zu Ihrer Entscheidung gekommen sind.

Bei **Selbsteinstufung und Kollegeneinschätzung** bewährt sich Folgendes:

- Seien Sie bei der eigenen Einstufung selbstkritisch. Vermeiden Sie es, sich zu überschätzen oder sich aus falscher Bescheidenheit zu schlecht einzustufen.
- Vergeben Sie bei der Beurteilung anderer Personen nicht durchgehend mittlere oder gute Bewertungen, nur um ihnen nicht zu schaden.
- Beurteilen Sie einzelne Leistungen und Merkmale unabhängig voneinander. Machen Sie nicht den Fehler, eine einmal vorgenommene Bewertung einfach auf andere Leistungen zu übertragen.

Selbsteinstufung und Kollegeneinschätzung

Oft werden die Teilnehmer auch aufgefordert, sich selbst oder die anderen Gruppenmitglieder in Bezug auf bestimmte Merkmale einzuschätzen. Kollegeneinschätzungen werden üblicherweise im Anschluss an Gruppendiskussionen und andere Gruppenübungen durchgeführt. Damit soll überprüft werden, ob Sie in der Lage sind, die eigenen und die fremden Leistungen realistisch einzustufen.

Konstruktionsübungen

Die Teilnehmer bekommen in der Gruppe die Aufgabe, innerhalb einer bestimmten Zeit einen Turm oder eine Brücke aus Pappe zu bauen. Hier werden weniger die technischen Fähigkeiten, sondern die Team- und Kooperationsfähigkeit untersucht. Weil diese Übungen auch dazu dienen, sich zu entspannen und die Atmosphäre aufzulockern, werden sie gerne als Anfangs- oder Abschlussübungen eines Assessment-Centers eingesetzt.

Lösungsteil

Kenntnistests

Deutsch/Rechtschreibung

Groß- oder Kleinschreibung

Seite 32

❶ Im Großen* und Ganzen* hat er Recht*.
❷ Er tat sein Möglichstes*.
❸ Im Allgemeinen* kommt er pünktlich.
❹ Er war bis zum Äußersten* gereizt.
❺ Er tappte völlig im Dunkeln*.
❻ Fürs Erste* reicht das.
❼ Im Einzelnen* geht es um folgende Punkte.
❽ Jenseits von gut* und böse*.
❾ Der Nächste*, bitte.
❿ Es tat ihm Leid*, dass er schuld war.
⓫ Die Ersten werden die Letzten sein.
⓬ Mir wurde es angst und bange.
⓭ Es bleibt alles beim Alten*.
⓮ Er hat sein Bestes getan.
⓯ Ich möchte Folgendes* vorschlagen.
⓰ Das war eine Freude für Jung* und Alt*.
⓱ Ich komme morgen Mittag* nach Hause.
⓲ Er war der Dritte im Bunde.
⓳ Er sieht ihm zum Verwechseln ähnlich.

⑳ Das Singen macht mir Spaß.
㉑ Er spricht schlecht Deutsch.
㉒ Er gab das Geheimnis nicht preis.
㉓ Das Kind verunglückte beim Spielen.
㉔ Er sagte nichts Neues.
㉕ Das Einzige*, was ich tun kann ...
㉖ Von diesen Bildern suche ich das beste aus.
㉗ Alles Übrige* regeln wir morgen.
㉘ die Vereinigten Staaten von Amerika
㉙ Karl der Große
㉚ die Deutsche Mark

* Der Lösungsteil folgt den Regeln der neuen Rechtschreibung, die inzwischen gültig und ab dem 1. August 2005 verbindlich ist. Die mit einem * markierten Wörter werden in der »alten« Schreibung anders geschrieben – im Falle dieser Übung also klein.

Gleich klingende Laute

Seite 34

wider oder wieder

❶ Widerschein
❷ Wiederwahl
❸ zuwider
❹ widerlegen
❺ Widerhall
❻ wiederholen
❼ widerrufen
❽ Widerwille
❾ widerlich
❿ Wiedersehen

ent- oder end-

⓫ endlich
⓬ entlassen
⓭ endlos
⓮ Entsagung
⓯ endgültig
⓰ entweder

⓱ Entgelt
⓲ entschließen
⓳ entscheiden
⓴ Entspannung

-ig oder -ich

㉑ billig
㉒ herzlich
㉓ absichtlich
㉔ ärmlich
㉕ freiwillig
㉖ ehrlich
㉗ verdächtig
㉘ täglich
㉙ sportlich
㉚ vielseitig

Fremdwörter

Seite 35 (in Klammern: »alte« Rechtschreibung)

❶ Philosophie
❷ Rhythmus
❸ Ingenieur
❹ r
❺ Interview
❻ Saison
❼ Boykott
❽ Teint
❾ Katastrophe
❿ r
⓫ rational
⓬ parallel
⓭ r
⓮ souverän
⓯ r* (Paragraph)
⓰ Faszination
⓱ Taille
⓲ Restaurant
⓳ r* (Phantasie)
⓴ Maschine
㉑ r
㉒ Äquator
㉓ Detail
㉔ Couch
㉕ aggressiv
㉖ Chance
㉗ Bibliothek
㉘ effizient
㉙ Journalist
㉚ Pullover
㉛ Leichtathletik
㉜ r
㉝ Strapaze
㉞ flexibel
㉟ Design
㊱ r

37 Atmosphäre
38 alphabetisch
39 repräsentieren
40 Skizze

Druckfehler finden

Seite 36

1 Abstinenz
2 Motiv
3 Wachs
4 Molekül
5 Publikation
6 Detail
7 Viadukt
8 Kaiser
9 Popularität
10 Respekt
11 Traktor
12 Sekretärin
13 vulgär
14 Akkord
15 Silo
16 Annonce
17 Schnörkel
18 Stativ
19 Reparatur
20 Zyklus
21 Analyse
22 Miene
23 Revolution
24 Verlies
25 Räuber
26 repräsentativ
27 Standard
28 Clique
29 Gardine
30 Balance
31 adäquat
32 Eruption
33 Kollektiv
34 Matratze
35 Reserve
36 Chor
37 Märtyrer
38 Intervall
39 Entgelt
40 Prestige

Verwirrung: Was ist hier richtig?

Seite 37

❶ a) ❷ c)
❸ a) ❹ b)
❺ c) ❻ d)
❼ b) ❽ a)
❾ c*); alte Schreibweise: d)
❿ a*); alte Schreibweise: b)

Zeichensetzung

Seite 39

Sie mussten an 17 Stellen ein Komma setzen; an zwei Stellen ist ein Komma möglich, aber nicht zwingend:

Wenn wir uns einmal umhören, die meisten stehen dem Staat ganz fremd gegenüber. Manchen ist er ein großes Gehäuse(,) mit allerlei Abteilungen. Darin gehen Leute herum, treiben ihre Geschäfte, haben ihre Kurzweil, leben und sterben und kümmern sich nicht weiter um das große Haus, als dass sie bezahlen, was gefordert wird, damit sie darin wohnen können. Das Haus aber steht »von selbst«. Für andere ist »Staat« so viel wie die Beamten, Behörden, alle jene, die etwas zu sagen haben. Der Rest hat guter Staatsbürger zu sein, das heißt(,) zu tun, was die Behörden anordnen. Und wieder andere empfinden den Staat als feindliche Macht; als etwas, das ihnen Gewalt antut, ihre Freiheit beeinträchtigt, ihren Besitz schmälert. Sie stehen in einem seltsamen Kriege mit ihm, suchen sich seiner zu erwehren und halten ihm gegenüber Dinge für erlaubt, die sie sich sonst zum Vorwurf machen würden.

Rechnen/Mathematik

Grundrechenarten

Seite 40

❶ 17 114	❷ 22 128,97
❸ 2785,09	❹ 3277
❺ 365	❻ 2708,42
❼ 2,03	❽ 14,35
❾ 231,9	❿ 476
⓫ 15 288	⓬ 4516,98
⓭ 10 982	⓮ 77 252
⓯ 2638,1	⓰ 1190,64
⓱ 72,54	⓲ 0,01792
⓳ 73	⓴ 4,7
㉑ 1300	㉒ 6000
㉓ 0,09	㉔ 17
㉕ 1800	㉖ 4,9
㉗ 2,5	㉘ 528
㉙ 3	㉚ 42,1

Bruchrechnen

Seite 41

❶ $\frac{11}{12}$	❷ $\frac{5}{8}$
❸ $\frac{8}{9}$	❹ $\frac{17}{42}$
❺ $\frac{5}{24}$	❻ $\frac{5}{24}$

❼ $\frac{29}{63}$

❽ $3\frac{7}{12}$

❾ $6\frac{3}{20}$

❿ $2\frac{7}{30}$

⓫ $1\frac{1}{5}$

⓬ $\frac{3}{20}$

⓭ $\frac{5}{9}$

⓮ $\frac{8}{63}$

⓯ $\frac{5}{22}$

⓰ $\frac{11}{14}$

⓱ $1\frac{1}{8}$

⓲ $1\frac{3}{4}$

⓳ $8\frac{9}{35}$

⓴ $8\frac{1}{6}$

㉑ $\frac{5}{42}$

㉒ $\frac{7}{24}$

㉓ $\frac{1}{4}$

㉔ 6

㉕ 16

㉖ $1\frac{1}{15}$

㉗ $1\frac{3}{4}$

㉘ $\frac{21}{22}$

㉙ $\frac{1}{4}$

㉚ $3\frac{3}{5}$

Dreisatzaufgaben

Seite 44

❶ 6 Std.
❷ 10 Tage
❸ 25,6 l
❹ 120 km/h
❺ 1,60 €
❻ 18 m^2
❼ 15 Arbeiter

Prozent- und Zinsrechnung

Seite 46

❶ 756,60 €
❷ 20 %
❸ 494 €
❹ 2400 €
❺ 21 000 €
❻ 3780 €
❼ 1500 €
❽ 400 Arbeiter
❾ 8 %
❿ 2315,25 €
⓫ 8 Monate
⓬ 1030 €
⓭ 4000 €
⓮ 200 000 €
⓯ 15 € (gerundet)

Umwandeln von Maßeinheiten

Seite 49

❶ 1 260 000 cm
❷ 0,00037 km
❸ 1,48 m
❹ 563 mm
❺ 0,85 cm
❻ 4 200 000 m^2
❼ 230 000 mm^2
❽ 0,358 km^2
❾ 0,007 km^2
❿ 18 400 kg
⓫ 30 000 g
⓬ 56 mg
⓭ 9,6 Zentner
⓮ 7500 l
⓯ 3,25 hl
⓰ 26 800 cm^3
⓱ 3530 g
⓲ 0,4 Std.
⓳ 13 200 s
⓴ 25 m/s

Geometrie

Seite 50

❶ 640 Fliesen
❷ 216 000 l
❸ 8,94 m
❹ 94,2 m
❺ 2 616,7 cm^2
❻ 6369 km
❼ 9,42 m^2
❽ 226 l

Vermischte Textaufgaben

Seite 51

❶ 80 km
❷ 74 kg
❸ 24 Tage
❹ 6
❺ 54 €
❻ 48
❼ 16 Tage
❽ 2040 €
❾ 34 €
❿ 40 %
⓫ 80 Cent
⓬ 360 €
⓭ 54 g
⓮ A = 20 000, B = 10 000, C = 5000
⓯ 72 cm^2
⓰ 500 t
⓱ 800 €
⓲ 200 km
⓳ 24
⓴ 50 °C
㉑ 24 m
㉒ 7 kg Birnen, 5 kg Äpfel
㉓ 56 %

Schätzen

Seite 54

❶ d)
❷ e)
❸ a)
❹ b)
❺ c)
❻ e)
❼ d)
❽ b)
❾ a)
❿ d)
⓫ b)
⓬ b)

⓭ a) ⓮ c)
⓯ d) ⓰ b)
⓱ b) ⓲ e)
⓳ a) ⓴ b)

Allgemeinwissen

Wirtschaft

Seite 59

❶ b) ❷ d)
❸ c) ❹ b)
❺ d) ❻ c)
❼ b) ❽ a)
❾ b) ❿ d)
⓫ a) ⓬ b)

Politik

Seite 62

❶ d) ❷ b)
❸ a) ❹ d)
❺ b) ❻ c)
❼ d) ❽ c)
❾ d) ❿ d)
⓫ b) ⓬ c)

Geschichte

Seite 64

❶ d) ❷ b)
❸ a) ❹ c)
❺ b) ❻ c)
❼ a) ❽ d)
❾ b) ❿ c)
⓫ d) ⓬ a)
⓭ b) ⓮ c)
⓯ c)

Erdkunde

Seite 67

❶ a) ❷ b)
❸ b) ❹ d)
❺ a) ❻ c)
❼ AcBdCgDhEbFaGeHf ❽ d)
❾ c) ❿ b)
⓫ d) ⓬ c)

Naturwissenschaften (Physik, Chemie, Biologie)

Seite 69

❶ b) ❷ c)
❸ d) ❹ a)
❺ c) ❻ d)
❼ a) ❽ b)
❾ d) ❿ a)
⓫ b) ⓬ d)
⓭ c) ⓮ b)

⓯ d) ⓰ c)
⓱ b) ⓲ a)
⓳ b) ⓴ c)
㉑ b) ㉒ c)
㉓ a) ㉔ d)
㉕ d) ㉖ c)
㉗ b) ㉘ d)
㉙ d) ㉚ a)

Kultur
(Kunst, Musik, Literatur)

Seite 75

❶ c) ❷ a)
❸ b) ❹ d)
❺ c) ❻ a)
❼ b) ❽ d)
❾ c) ❿ d)
⓫ b) ⓬ a)
⓭ b) ⓮ c)
⓯ a) ⓰ d)
⓱ c) ⓲ d)
⓳ c) ⓴ b)

Intelligenz- und Leistungstests

Logisches Denken/Abstraktionsfähigkeit

Reihen fortsetzen

Seite 78

❶ d	❷ a
❸ e	❹ a
❺ a	❻ d
❼ b	❽ c
❾ e	❿ d
⓫ e	⓬ b
⓭ a	⓮ c
⓯ c	

Muster ergänzen

Seite 83

❶ b	❷ c
❸ e	❹ a
❺ f	❻ c
❼ d	❽ f
❾ e	❿ d

Unterschiede erkennen

Seite 86

❶ be	❷ ab
❸ bd	❹ cd
❺ ce	❻ bc
❼ ad	❽ ae
❾ be	❿ bd
⓫ ce	⓬ be

Zahlenreihen fortsetzen

Seite 88

❶	· 2 − 2 · 2 − 2 …	20
❷	+3 + 4 + 5 + 6 …	44
❸	−1 + 2 − 1 + 3 − 1 + 4 …	8
❹	−1 + 2 − 3 + 4 − 5 …	3
❺	−2 · 2 − 3 · 3 − 4 · 4 …	39
❻	−2 · 3 : 3 − 2 · 3 : 3 …	8
❼	+1 + 2 − 3 + 4 + 5 − 6 …	21
❽	−3 · 3 + 3 : 3 …	15
❾	−2 + 2 − 2 + 3 − 2 + 4 …	9
❿	−6 · 3 − 7 · 3 …	39
⓫	+2 + 8 + 4 …	44
⓬	−5 + 6 − 5 + 7 − 5 + 8 …	9
⓭	+ 6 + 7 + 8 + 9 …	66
⓮	: 3 · 6 − 9 : 3 · 6 − 9 …	15
⓯	−1 + 3 − 5 + 7 …	8
⓰	: 2 − 5 · 4 …	38
⓱	+2 + 3 − 4 + 5 + 6 − 7 …	25
⓲	+1 + 1 + 2 + 3 + 5 + 8 …	36
⓳	− 7 · 3 − 8 · 3 − 9 · 3 …	134
⓴	: 2 + 5 : 3 + 6 : 4 + 7 …	2

Buchstabenreihen ergänzen

Seite 90

❶ b	❷ c
❸ e	❹ d
❺ c	❻ b
❼ d	❽ b
❾ d	❿ a
⓫ e	⓬ a
⓭ b	⓮ a
⓯ c	⓰ b
⓱ d	⓲ e
⓳ d	⓴ b

Analogien bilden

Seite 91

❶ d	❷ c
❸ a	❹ c
❺ b	❻ b
❼ d	❽ b
❾ e	❿ d
⓫ b	⓬ a
⓭ a	⓮ c
⓯ a	⓰ c
⓱ c	⓲ e
⓳ d	⓴ a

Gemeinsamkeiten finden

Seite 96

❶ df	❷ be
❸ ae	❹ bf

❺ ce
❻ ae
❼ cf
❽ ac
❾ cf
❿ ad
⓫ bd
⓬ af
⓭ bd
⓮ ce
⓯ cd
⓰ ac
⓱ be
⓲ ad
⓳ ab

Sprachbeherrschung/Verbale Intelligenz

Buchstaben ordnen

Seite 98

❶ MUSIK
❷ BODEN
❸ MILCH
❹ BIRNE
❺ FISCH
❻ ANGST
❼ PFERD
❽ STAHL
❾ SUPPE
❿ HILFE
⓫ SEITE
⓬ BLATT
⓭ RADIO
⓮ APFEL
⓯ STIFT
⓰ MONAT
⓱ STURM
⓲ HITZE
⓳ KISTE
⓴ SPORT
㉑ SCHUH
㉒ TULPE
㉓ SPIEL
㉔ START
㉕ REGEL
㉖ WELLE
㉗ ACKER
㉘ NACHT
㉙ STEIN
㉚ KANAL
㉛ TASSE
㉜ NIERE
㉝ LICHT
㉞ FROST
㉟ KATZE
㊱ MAUER
㊲ KONTO
㊳ DECKE
㊴ STROM
㊵ STUHL
㊶ BRIEF
㊷ PREIS
㊸ STURZ
㊹ SONNE
㊺ FAUST
㊻ ABEND
㊼ TIEFE
㊽ NAGEL
㊾ BLOCK
㊿ MOTOR

Gleiche Wortbedeutung

Seite 100

❶ b	❷ d
❸ b	❹ d
❺ a	❻ c
❼ e	❽ a
❾ d	❿ e
⓫ b	⓬ c
⓭ d	⓮ c
⓯ a	⓰ d
⓱ c	⓲ d
⓳ e	⓴ e

Wortauswahl

Seite 103

❶ c	❷ e
❸ d	❹ d
❺ e	❻ c
❼ b	❽ c
❾ b	❿ e
⓫ d	⓬ b
⓭ a	⓮ d
⓯ d	⓰ c
⓱ e	⓲ e
⓳ c	⓴ d

Satzergänzung

Seite 105

❶ e ❷ a
❸ b ❹ d
❺ d ❻ c
❼ b ❽ c
❾ e ❿ d
⓫ c ⓬ d
⓭ b ⓮ c
⓯ d ⓰ b

Sinnverwandte Sprichwörter

Seite 108

❶ b ❷ d
❸ b ❹ d
❺ c ❻ a
❼ e ❽ d
❾ d ❿ b
⓫ e ⓬ d
⓭ e ⓮ c
⓯ a ⓰ c

Merkfähigkeit/Kurzzeitgedächtnis

Merkaufgaben

Seite 113

❶ c ❷ e
❸ b ❹ c
❺ e ❻ c

❼ b	❽ c
❾ d	❿ c
⓫ a	⓬ d
⓭ d	⓮ a
⓯ e	⓰ b
⓱ d	⓲ a
⓳ e	⓴ e

Räumliches Vorstellungsvermögen

Spiegelbilder

Seite 118

❶ c	❷ f
❸ b	❹ c
❺ b	❻ f
❼ e	❽ d
❾ c	❿ f
⓫ d	⓬ b
⓭ d	⓮ e
⓯ a	⓰ e
⓱ f	⓲ e
⓳ c	⓴ b

Figurenauswahl

Seite 122

❶ c	❷ b
❸ e	❹ a
❺ d	❻ b
❼ d	❽ a

❾ c
❿ e
⓫ b
⓬ d
⓭ e
⓮ b
⓯ c
⓰ a
⓱ c
⓲ a
⓳ e
⓴ d

Würfelauswahl

Seite 124

❶ b
❷ c
❸ b
❹ d
❺ e
❻ c
❼ a
❽ e
❾ d
❿ a
⓫ b
⓬ e
⓭ a
⓮ d
⓯ c
⓰ b
⓱ e
⓲ b
⓳ c
⓴ e

Figuren abwickeln und Körper zusammensetzen

Seite 126

❶ c
❷ c
❸ d
❹ b
❺ c
❻ c
❼ b
❽ a
❾ b
❿ b
⓫ c
⓬ d

Konzentrationstests

Durchstreichtest b2

Seite 130

❶ 22	❷ 21
❸ 21	❹ 22
❺ 21	❻ 21
❼ 22	❽ 21
❾ 21	❿ 22
⓫ 21	⓬ 21
⓭ 22	⓮ 21

Zahlenreihen addieren

Seite 133

❶ 35	❷ 43
❸ 45	❹ 31
❺ 36	❻ 49
❼ 41	❽ 39
❾ 42	❿ 46
⓫ 45	⓬ 34
⓭ 45	⓮ 44
⓯ 42	⓰ 36
⓱ 45	⓲ 44
⓳ 50	⓴ 50
㉑ 45	㉒ 28
㉓ 45	㉔ 42
㉕ 50	㉖ 36
㉗ 45	㉘ 52
㉙ 45	㉚ 29
㉛ 23	㉜ 46

㉝ 45
㉞ 36
㉟ 33
㊱ 39
㊲ 34
㊳ 43
㊴ 39
㊵ 39
㊶ 34
㊷ 42
㊸ 39
㊹ 24
㊺ 42

Additions-/Subtraktionsaufgaben

Seite 136

❶ 14
❷ 5
❸ 14
❹ 10
❺ 16
❻ 17
❼ 7
❽ 22
❾ 5
❿ 14
⓫ 2
⓬ 5
⓭ 19
⓮ 1
⓯ 17
⓰ 12
⓱ 13
⓲ 8
⓳ 11
⓴ 12

Technisches Verständnis

Seite 139

❶ c
❷ a
❸ b
❹ c
❺ c
❻ b
❼ d
❽ d
❾ a
❿ a
⓫ d
⓬ a
⓭ c
⓮ d
⓯ d
⓰ e

Bürokaufmännische Fähigkeiten

Dienstplan aufstellen

Seite 145

Hier gibt es verschiedene Lösungsmöglichkeiten. Alle Lösungen sind richtig, bei denen jeder nur einmal Dienst hat und die Wünsche bezüglich Tag- oder Nachtdienst berücksichtigt werden, z.B.:

	Montag	**Dienstag**	**Mittwoch**	**Donnerstag**	**Freitag**
Tag	Alexander Anna Birgit	Christine Jutta Claudia	Kerstin Maria Hans	Peter Petra Holger	Werner Wolfgang Martin
Nacht	Andreas Frank	Julia Lisa	Norbert Regina	Roland Sandra	Sabine Thorsten

Namen in Kartei einsortieren

Seite 146

❶ 32
❷ 15
❸ 24
❹ 18
❺ 17
❻ 12
❼ 8
❽ 28
❾ 33
❿ 6
⓫ 3
⓬ 28
⓭ 6
⓮ 26
⓯ 29
⓰ 15
⓱ 9
⓲ 2
⓳ 32
⓴ 22
㉑ 24
㉒ 16

㉓ 13	㉔ 21
㉕ 28	㉖ 1
㉗ 12	㉘ 33
㉙ 10	㉚ 21
㉛ 4	㉜ 32
㉝ 31	㉞ 14
㉟ 17	㊱ 23
㊲ 3	㊳ 26
㊴ 32	㊵ 19

Adressen prüfen

Seite 148

	Name	Straße	PLZ Ort	Telefon	F
❶	Claudia Eichinger	Rheinische Str. 263	44549 Düsseldorf	0211/568972	3
❷	Werner Krämer	Am Kattenbrauk 34	59425 Unna	02303/68247	3
❸	CSD Computer GmbH	Bismarkstr. 57	48145 Münster	0251/73729	3
❹	Christine Schmidt	Dörhofstr. 12	44789 Bochum	0234/56338	4
❺	Dr. W. Bolt	Viermärker Weg 36	58313 Herdecke	0230/48338	3
❻	Julia Hönig	Oespler Str. 67	44532 Lünen	02306/48236	3
❼	__ Joh. Kügler KG	Gräfingholzstr. 17	58450 Witten	02302/56429	3
❽	Katharina Maisfeld	Vogelpothweg 45	45859 Siegen	0236/86271	4
❾	Kämper GmbH & Co__	Tauenzienstr. 45	14199 Berlin	030/832003	4
❿	Jürgen Klez	Schweizer Allee 151	45128 Essen	0201/67878	3
⓫	Wolfgang Gutmann	Sieburger Kirchstr. 4	58232 Schwerte	02304/85774	3
⓬	Gödde GmbH & Co.__	Alter Mühlenweg 20	37037 Göttingen	0551/396-0	2
⓭	Hans Meier	Dankwardtstr. 67	50725 Köln	0211/573341	4
⓮	Dr. M. Goebel	Wittbreuker Str. 347	44265 Dortmund	0231/786544	3
⓯	Gebr. Menzel OhG	Am Brauacker 6	42850 Remscheid	0291/537-0	3

Ablaufplan erstellen

Seite 150

Musterlösung:

von	nach	Weg in Min.	Nachricht Min.
Wohnung	Wagner	5	2
Wagner	Berger	5	2
per Telefon	Schmidt	–	2
	Schreiber	–	2
	Klein	–	2
Berger	Krug	15	2
Krug	Wohnung	12	–
	Gesamtzeit in Min.	37	12

Hinweis: Dieselbe Minimalzeit ergibt sich bei der Reihenfolge: Wohnung – Krug – Berger – tel. Benachrichtigung von Schmidt, Schreiber, Klein – Wagner – Wohnung.

Portokasse verwalten

Seite 151

Markenwerte	1. Tag	2. Tag	3. Tag	4. Tag	5. Tag	6. Tag	7. Tag	8. Tag
2,25 €	4,50	2,25	6,75	6,75	4,50	4,50	6,75	9,00
1,53 €	1,53	–	1,53	3,06	–	3,06	3,06	1,53
1,12 €	4,48	8,96	6,72	7,84	5,60	11,20	2,24	11,20
0,56 €	2,80	5,60	2,80	2,80	2,80	2,80	5,60	2,80
0,51 €	5,10	2,04	3,06	1,02	2,04	1,02	2,04	1,02
Summe (€)	18,41	18,85	20,86	21,47	14,94	22,58	19,69	25,55
Rest (€)	22,39	43,54	22,68	41,21	26,27	3,69	24,00	38,45
Kauf?	Kaufen		Kaufen			Kaufen	Kaufen	
	(+40 €)		(+40 €)			(+40 €)	(+40 €)	

Geld auszahlen

Seite 152

Geldsorten	500	200	100	50	20	10	5	2	1	0,50
375,00		1	1	1	1		1			
434,50		2			1	1		2		1
186,00			1	1	1	1	1		1	
267,50		1		1		1	1	1		1
58,50				1			1	1	1	1
560,00	1			1		1				
712,50	1	1				1		1		1
62,00				1		1		1		
Anzahl	2	5	2	6	3	6	4	6	2	4

Karteikarten einsortieren

Seite 153

Karteikasten	1.	2.	3.	4.	5.
Buchstaben	abc	d	efgh	ijk	l

Karteikasten	6.	7.	8.	9.	10.
Buchstaben	mnop	qrst	u	v	wxyz

Register

Kursiv gesetzte Seitenzahlen weisen auf Testaufgaben hin